この国の同調圧力

山崎雅弘

SB新書
624

参考文献からの引用は、読みやすさを考慮して、句読点を補い、歴史的仮名遣いを現代仮名遣いに、旧漢字を新漢字に改め、適宜ルビを付しました。また一部については原文の持つ意味合いを尊重しつつ、文語調の表現を口語調に変更しています。引用文中の〔〕内は著者による補注です。なお、人物名については敬称を略しました。

はじめに

本書は、日本社会に根強い「同調圧力」という社会現象について、さまざまな角度から光を当てて分析し、そのマイナス面を克服する方策について考える本です。

おそらく多くの人が、学校や会社、その他の人間関係などで、大小の同調圧力に直面した経験を持っていることでしょう。その中には、心身が押し潰されそうなほどに、集団内の同調圧力で苦しんでいる人も少なくないかと思います。

なんとなく反論しづらい「大義名分」と共に、人の心と身体に静かにまとわりつき、思考や行動の自由を少しずつ奪い、やがて集団全体の一部へと取り込んでしまう同調圧力。

けれども、同調圧力という「怪物」はその姿が見えず、しかもほとんどの場合は、自分の意のままに動く多くの人間を媒介とする形で、人の思考や行動を支配しようとします。そして、同調圧力に屈して従う道を選んだ人たちも、その瞬間から「怪物」の手下となって、別の人に同調圧力を「かける側」になる場合も少なくありません。

なぜそんなことになるのか。同調圧力という「怪物」の「本体」は、一体どこに隠れているのか。その「本体」を倒すことは、果たして可能なのか。

誰もが抱いているであろう、そんな疑問について、本書はいろんな角度から光を当て、その正体と弱点に迫ることを試みます。

日本人は、同調圧力に弱い。こんな言葉も、メディアなどでしばしば目にします。その言い方は、果たして正しいのか。正しいとすれば、そうである理由は何なのか。本書では、この言葉に込められた意味についても、多角的に分析します。

また、一口に「同調圧力」と言っても、個人レベルで直面する「小さな同調圧力」と、社会全体が特定方向の同調圧力に支配された時に国はどんな方向へと向かい、国民はそれによってどんな目に遭うのかという社会レベルの「大きな同調圧力」では、問題の構造もその危険性も大きく違っています。

本書では、この相互に関連する二種類の同調圧力についても、過去の歴史的な事例（先の戦争中の大日本帝国やナチス・ドイツなど）を数多く挙げながら、構造の分析によってメカニズムを浮かび上がらせ、それぞれの対処法について論考していきます。

同調圧力という問題については、過去に類書が数多く出版されてきましたが、その多くは個人レベルで直面する「小さな同調圧力」とそれへの対処法に関するものであったように思います。本書では、構造的な性差別など、一般には同調圧力とは切り離して論じられている社会問題についても、同調圧力という観点から改めて光を当てることで、今まで見えていなかった「線」や「根っこ」を可視化することを試みました。

それではまず、身近なところから話を始めることにしましょう。

第二章　誰が何のために、同調圧力を生み出しているのか……65

第四章　間違った道に進んでも集団が方向転換できない恐ろしさ

第一章

同調圧力——心や身体にからみ付いて自由を邪魔する、見えない「力」

この章では、ふだんの生活でしばしば遭遇する「小さな同調圧力」の事例を取り上げ、それがいかに人々の自由を圧迫し、広い平原から狭い柵の中へと家畜を追い立てるように、精神的に窮屈な思いを強いているかを考えます。

ここで取り上げる事例は、同調圧力の典型例とも言うべきもので、第二章以降で説明する内容の入り口でもあります。

小学生の頃に遭遇した「他人の遊び方に口を出す同級生グループ」

私と友だちが発案して始めた遊び「一〇〇円グルメ」

今からご紹介するのは、私が小学生だった頃（一九七八〜七九年）に経験した、ある異様な出来事についての話です。

私が生まれたのは、大阪府の東部に位置する東大阪市で、同市立の小学校に通っていました。あれは確か、小学校五年生か六年生の時でしたが、仲のよかった友だちと二人で、ある「遊び」を思いつき、一緒に近所の飲食店めぐりを始めました。

その「遊び」とは、お小遣いの中から五〇円ずつ出し合い、一〇〇円で買えるものを注文し、半分こして食べる、というものでした。当時はまだ消費税が導入されておらず（一九八九年に税率三パーセントで導入され、その後一九九七年に五パーセント、二〇一四年に八パーセント、二〇一九年には一〇パーセントに増税）、商品の値札に「一〇〇円」と書かれているものは、一〇〇円を支払えば買えました。

今風の言い方をすれば、私と友だちが始めた遊びは「一〇〇円グルメ」と呼べそうなものでしたが、当時は一〇〇円あればいろいろなものが買えました。

餃子の王将では、餃子一皿が一〇〇円でした。持ち帰り寿司の鉄火巻きも一本一〇〇円で、お菓子屋さんに行けば、一〇〇円で買えるケーキや和菓子もありました。

駄菓子屋さんなら、一〇円単位のお菓子をいろいろ交ぜて買うことができましたが、それらは小さい頃から買っていたこともあり、あまり面白みが感じられませんでした。

それよりは、肉屋さんでコロッケ二個といものフライ一個を一〇〇円で買ったり、おでん二つを一〇〇円で買ったりした方が、ふだんとは違う「非日常の感覚」を味わって楽しめました。

ところがある日、同級生のグループが私と友だちのところへ来て、この「一〇〇円グルメ」の遊びにクレームをつけてきました。この遊びは、誰にも迷惑をかけておらず、探求心を広げながら「食べ物の美味しさ」を味わえる、なかなかのアイデアだったと思いますが、同級生のリーダー的な一人が、もうやめるよう我々に言いました。

やめる？　理由は？

その時に彼が語った言葉を、今でも覚えています。

「食べ物を遊びにするのはよくない」

は？

私も友だちも、その意味がわからず困惑しました。

一般に「食べ物をおもちゃにするな」と親が子どもを叱ることはよくありますが、

それは「食べ物を粗末にする」行為だからで、私と友だちは一〇〇円で買った食べ物を美味しくいただき、一片たりとも粗末にしたことはありません。

しかし驚いたことに、他の同級生たちもリーダー格の言葉に賛同し、その遊びをやめるよう、私と友だちに心理的な圧力をかけてきました。

当時の私は、今ほど理屈っぽい人間でも自分の意思を強く主張できる人間でもなかったので、せっかく見つけた面白い遊びを、やめざるを得ませんでした。

他人の行動を自分のコントロール下に置きたがるリーダー

これが、私が人生で初めて経験した「同調圧力」だったように思います。

当時小学生だった私は、そんな難しい言葉は知りませんでしたが、自分たちで発案して楽しんでいた遊びを、同級生によるわけのわからない集団的な圧力でやめさせられたことに強い不快感を覚え、一体これは何なんだろうと考えました。

同級生のリーダー格が口にした「食べ物を遊びにするのはよくない」という言葉は、論理的には筋違いの言いがかりで、彼自身が本当にそんな理屈を信じていたわけでもないように思います。彼らは、「自分たちのコントロール下にない遊び」を、集団から離れた形で私と友だちが楽しんでいるのを見て、気に入らないと感じたのかもしれません。

それで、大人たちがよく使う言葉を不完全に真似て、干渉の口実にしたのでしょう。彼らはふだん、野球やドッジボールなど、自分たちが優位性を発揮できる遊び、つまり「コントロール下に置ける遊び」を好んでいたようでした。そこでは、リーダー格がチーム分けを仕切ったり、キャプテンや監督のようにあれこれと指図したりして、参加者である他の子どもたちを「コントロール下に置く」ことができるからです。

そして他の子どもたちも、集団内での序列、つまり上下関係を理解し、その集団の中で自分が誰より格上で、誰より格下なのかを少しずつ理解します。

こうして、大人たちが教えたわけでもないのに、子どもの集団内にある種の「秩序」が形成され、発言力を持って他の子どもに指図できるリーダー格や、その副官的存在、リーダーの取り巻き、そこから少し距離がある残りの子どもたち、というピラミッドのような層が形成されました。

私と「一〇〇円グルメ」を一緒に楽しんだ友だちは、リーダーやその取り巻きとあまり関わらない、序列で一番下の層に属していたので、リーダー格と取り巻きたちは自分たちの当然の権利であるかのように、私と友だちに指図してきたのでしょう。

大人になった今振り返ると、この子どもの集団内で形成された序列は、大人社会の縮図であったようにも思えます。

人間は一人一人が違った個性を持ちますが、自分が何かをやりたいという願望や衝動の中に「自分以外の他人も自分のコントロール下に置きたい」とか、「人の上に立つ人間になりたい」という特質が強い大人は、おそらく子どもの頃からそんな片鱗をのぞかせて、子どもの集団内で「人を支配する力」を伸ばしていったのだろうと想像します。

いわゆる「ガキ大将」は、この種の子どもの典型例だと言えますが、他人の遊びを自分のコントロール下に置きたがるリーダーというのは、自分で自由に遊びを発案して集団から離れて楽しみたい子どもにとっては、非常にやっかいな存在です。

しかし、子どもの知力では、いくらがんばっても、状況を分析したり問題点への対処法を考案する能力が弱いので、支配的地位にあるリーダーにおとなしく従うか、そのリーダーが実質的に支配権を握る子ども集団のピラミッドから完全に孤立するしかなくなります。

「新しい遊び」を「秩序を乱すリスク」と捉える奇妙な発想

小学生の頃には、こうした違和感や理不尽への憤りについて、友だちと論理的な意見交換や議論をした記憶がありません。

その理由は、前記したような「思考力の未熟さ」に加えて、リーダー格から干渉されることに違和感を覚えず、理不尽だと感じない子どもも大勢いたからだと思います。

そもそも、集団内の「秩序」から離れて独自に遊びを発案するような子どもは、決して多数派ではなかったでしょう。大抵の子どもは、集団内であらかじめ用意されたいくつかの種類の遊びの中から、自分の好きなものを選んで遊んでいたようでした。

集団内で継承されている種類の遊びでは、上手い下手の評価基準が既に定まっているので、安心してそこに身を委ねることができます。誰が上手で、誰が下手なのか、共通の評価基準が存在すれば、上手くなるための努力もきわめてシンプルです。

こうした遊びに興じる子どもに対しては、リーダー格と取り巻きたちも特に干渉せずに放置していたように思います。集団内で前から継承されている種類の遊びであれば、自分が直接的にコントロール下に置かなくても、それによって子どもの集団内の「秩序」が乱される心配がないからです。

けれども、集団内で継承されてきたどの種類とも違う、得体のしれない「新しい遊び」は、共通の評価基準が存在しないので、子どもの集団内の「秩序」が乱される可能性があります。これは、単純に自分の遊びに没頭している子どもにとってはどうでもいいことですが、他人の遊びを自分のコントロール下に置きたいと思うリーダーとその取り巻きにとっては、看過できない懸念の材料となります。

今から思えば、リーダー格の同級生が私と友だちに対し、ひどいいじめや仲間外れなどの手段をいきなり取らずに、まず言葉で「やめろ」と通告してきたことは、理不尽の度合いで言えば、少しだけマシであったという捉え方もできます。

それと共に、このリーダー格の同級生はその後、成人してどんな職業に就いたのだろうという興味も湧いてきます。

与野党の国会議員の中に、この同級生の名前を見つけたことはないので、衆議院議員や参議院議員にはなっていない様子ですが、市会議員や県会議員になっていても不思議ではありません。イメージしやすいのは経営者ですが、地方公務員や国家公務員の幹部になっている可能性も少なくないように思います。

これらの職業はいずれも、何らかの形での「権力」を有する立場です。そして、集団内で全体あるいは一部を支配する能力を求められ、全体の「秩序」を維持するために、集団のしきたりや慣例と違う態度をとる構成員に干渉する役割も担います。

そして「リーダーの取り巻き」連中も、おそらく大人になっても同じように「組織や集団の中で権力を有する者の取り巻き」という安全なポジションを確保して、うまく世の中を渡っているのかな、と想像します。

教師の常套句「みんなも我慢しているんだから、お前も我慢しろ」

「論理」とは違う言葉で生徒を黙らせた中学教師

同じ小学校に通う同級生から同調圧力をかけられるという嫌な経験はあったものの、私が通った小学校の先生たちは、今の基準で評価すれば非常にリベラルで、子どもをむやみに統制することもなく、自立心や個性を尊重する方針をとっていました。

けれども、そこから徒歩で五分ほどの場所にある市立中学校へ進学すると、状況は一変しました。中学一年の時に校内である事件が起き、大勢の教師が入れ替わったあと、新しく入ってきた教師たちが、生徒の統制に力を入れるようになったからです。

その「事件」とは、何人かの教師がストライキのような形で授業をボイコットするというもので、当時は新聞やテレビの取材記者がたくさん学校に来て、学生服を着た私も小さく写っている写真が新聞に掲載されたこともありました。

授業をボイコットした教師たちは、一年生として接した限りにおいて、特に悪い印象がなく、生徒との関係も比較的良好だったと私は認識しています。ボイコットした理由についても、私は当時も今もよくわかっておらず、ただ「学校がこんな騒動になって、卒業を控えた三年生はかわいそうだな」と気の毒に思っていました。

その後、授業ボイコットを起こした教師たちは学校を去り、新しい教師が補充されましたが、この教師の入れ替わりのあと、私は校内の空気が以前よりも窮屈になったように感じていました。多くの生徒は、新しい状況にすぐ適応したようでしたが、私は二年生の途中から、学校に通うことをあまり楽しいと思えなくなっていきました。

そうなった理由の一つは「校則」でした。

今では「ブラック校則」という言葉が一般的に使われていますが、私が通った当時の中学校でも、私から見て理不尽な規則がいろいろ存在していました。特に不満だったのは、髪の毛を整える整髪料などに関する禁止事項で、誰の迷惑にもならないはずなのに「禁止」という項目があり、服装や髪型などのおしゃれに目覚めた時期の私には不満でした。

ある時、私は「こんな規則には意味があると思えないから、変えて欲しい」と担任教師に伝えてみました。

すると、担任教師からこんな言葉が返ってきました。

「みんなも我慢しているんだから、お前も我慢しろ」

は？

それって、何か言っているように見えて、何も言っていないのと同じでは？

中学生にもなると、小学生の時よりは論理的に物事を考えて言葉にする能力が育っており、私は担任教師の言葉に屈服せず、なおも自分の考えを主張しました。

それに対し、担任教師はまた同じような言葉を口にしました。

「みんなに禁止しているのに、お前一人だけ許可するわけにはいかない」

これも、理由の説明になっているように見えて実はなっていない、はぐらかしです。

そもそも「みんな」って誰？

なぜ私が、「みんな」に服従しないといけないの？

「みんな」を持ち出して我慢とあきらめと服従を強いる手法

ここで紹介した中学教師の二つの言葉は、在校中に何度言われたかわからないほど、頻繁に耳にしました。

おそらく、これを言えば生徒は黙るという「成功体験」が彼にあったのでしょう。でも、論理的に考えれば、やっぱりおかしくて、とても不誠実な言葉です。

「みんなも我慢しているんだから、お前も我慢しろ」

理不尽だと思う何かについての我慢を強いられる理由が「みんなも我慢しているから」というのは、説明になっていません。

「みんなに禁止しているのに、お前一人だけ許可するわけにはいかない」

これも同じで、私が何かの許可を得ることを認められない理由として「みんなに禁止しているから」というのも、説明になっていません。

生徒に我慢や禁止を強要することが正当な教育の一環であるならば、それが必要である理由を論理的に説明できるはずです。しかし、私が当時接した中学の教師は、それを論理的に説明する代わりに、非論理的な詭弁であしらい続けました。

この態度は、私に対してだけでなく、他のすべての生徒に対しても、きわめて不誠実なものであったと思います。なぜなら、皆が服従しているという「状況」を理由に、個々の人間に服従を強いることが許されるなら、あらゆる理不尽が正当化されるからです。

例えば、こんな状況を考えてみましょう。

生徒Aがある校則を廃止して欲しいと教師に言うと、教師はこう答えました。

「みんなも我慢しているんだから、お前も我慢しろ」

翌日、生徒Bが同じことを教師に言い、同じ言葉を返されました。

その後、生徒C、生徒D、生徒E……生徒X、生徒Y、生徒Zが、それぞれ一人で教師に同じことを言いましたが、教師は同じ言葉を返し続けました。

何がおかしいか気づきましたか？

生徒たちが理不尽な校則に従うのは「みんなが我慢しているから」だと教師は言いますが、この例では、生徒全員が「もう我慢するのはいやだ」と考えています。

一人一人がバラバラで教師のところへ行くと、「みんなも我慢しているんだから、お前も我慢しろ」という言葉を返されて、「この我慢をおかしいと思っているのは自分一人だけで、他の『みんな』はそう思っていないのか。なら仕方ないな」とあきらめさせられます。しかし、それは決して「みんな」が納得して我慢しているわけではなく、ただ「あきらめて仕方なく我慢している」に過ぎません。

もし、一人一人がバラバラにではなく、五人や一〇人、あるいは生徒全員で教師のところへ行ってみたらどうでしょう。

教師はもう「みんなも我慢しているんだから、お前も我慢しろ」「みんなに禁止しているのに、お前一人だけ許可するわけにはいかない」という言葉を使えなくなります。

生徒たちが「みんなって誰ですか？　ここにいる『みんな』は、この校則はおかしいと考えています」と主張すれば、教師は反論することが難しくなるからです。

教師が握る「内申書」を恐れて萎縮した同級生たち

しかし、当時の中学教師はもう一つ、絶大な威力を持つ「武器」を持っていました。

それは「内申書」または「調査書」と呼ばれる書類です。

内申書は、高校を受験する中学生の一人一人について、中学校の教師が受験先の高校へ提出する書類で、中学時代にどんな生徒だったかなどについての情報が含まれています。

内申書には、中間テストや期末テストの成績に加えて、出欠状況の記録や学級活動、生徒会活動、部活動の内容、そして個々の生徒について教師が書く「行動の記録」や「総合所見」などが記載されます。このうち、成績や活動内容は、ある程度の客観性を持つ形で情報が記されますが、「行動の記録」と「総合所見」については、教師による主観的評価の占める割合が大きく、多くの同級生が内申書の存在を気にしていたようでした。

内申書にどんなことを書かれるかによって、希望する高校へ入学できる可能性に違いが出てくるなら、中学生は必然的に、教師に気に入られるような態度、あるいは「変わった生徒」として教師に目を付けられないような態度をとるようになります。

校則などの学校のシステムに疑問を呈したり、教師に反抗するような態度をとれば、心証を害した教師が内申書にどんなことを書くかわかりません。

自分に不利な情報を内申書に書かれたことで、希望する高校に進学できなかったらどうしよう。そうなってから後悔しても遅い。そんな風に萎縮する中学生が多かったとしても不思議はありません。自分の内申書にどんなことを書かれたのか、生徒は知ることができないからです。教師が自分に対して不当に低い評価を書いたとしても、抗議する手段はありません。

私は当時、中学三年になって「登校拒否」の態度をとり、ほとんど学校には行かなかったので、内申書に教師が何を書くかなど気にしていません（たぶん悪く書かれるだろうと確信していたため）でしたが、同級生の中には、小学校では元気ハツラツとした面白い子どもだったのに、中学では内申書を気にしてどんどん「面白みのない生徒」に変わってしまった友だちもいて、残念だなと思いました。

数年前から日本の社会でよく使われるようになった「忖度《そんたく》」という言葉は、内申書を恐れて教師の顔色をうかがうようになった中学時代の同級生を連想させます。

忖度とは、本来は「国民全体の奉仕者」であるはずの国家公務員、特に霞が関の省庁に勤務するエリート官僚が、国民ではなく時の総理大臣や内閣の顔色をうかがい、明確な指示や命令を受けてもいないのに、総理大臣や内閣の意に沿うような行動を自発的にとる現象を指して使われ始めた言葉です。

日本の官僚は、第二次安倍政権時代の二〇一四年五月三十日に設置された、内閣官房の内部部局「内閣人事局」によって人事考査がなされるようになり、時の総理大臣と内閣の意向が官僚人事に反映されるようになりました。この、官僚が総理大臣や内閣の意向にビクビクと怯《おび》える状況は、教師の内申書にビクビクと怯えていた中学生の姿と瓜二つです。

上位者によって下される評価が、あたかも「ブラックボックス」つまり不透明な箱に入った形で進められるなら、なるべく自分一人だけが目立たないよう「みんな」に埋没し、生殺与奪の権を握る上位者に逆らわずに従順であることが「安全策」になります。

先に紹介したような、「みんな」という漠然とした概念を一方的に都合良く定義した上で「みんなも我慢しているんだから、お前も我慢しろ」という詭弁を用いて、特定の物事についての我慢を強制するのも、同調圧力の一形態です。

お前は「みんな」という集団から爪弾きにされてもいいのか、という暗黙の脅しがそこには込められており、今後も「みんな」の中にいたいのなら、個人の主張は捨てて集団に同調せよ、と命じているのと、実質的には変わらない図式だからです。

使われ方によっては同調圧力の手枷足枷になる「マナー」

「マナー講座」や「マナー講師」が生み出すこともある同調圧力

個人の主張は捨てて集団に同調せよ、とあからさまに命じる行動は、わかりやすい「自由の侵害」なので目立ちますが、それとは少し違う、集団への同調を道徳面から礼儀正しくうながすような手法も、最近の日本では目に付くようになったと思います。

ある特定の状況においては、こうするのが「正しいマナー」であり、集団の「みんな」もこうしているのだから、あなたもこうしないと恥をかきますよ、相手や場に対して失礼に当たりますよ、とソフトな口調で教える「マナー講座」がそれです。

マナーという言葉を広辞苑（第七版）で引くと、こう説明されています。

「行儀。作法。」

拍子抜けするほどシンプルな説明です。では「行儀」はどうかと見ると、「①〔仏〕修行・実践に関する規則。また、仏教の儀式。②立ち居ふるまいの作法。③行為。行状。」とあり、「行儀作法」は「立ち居ふるまいについての作法」と書かれています。

では「作法」は何かと調べると、「①物事を行う方法。②起居・動作の正しい法式。③きまり。しきたり。」とのことで、これらの説明内容を総合すれば、なんとなく我々が「マナー」と呼んでいるものの正体が見えてきます。

ちなみに、英語の〝manner〟も大体これと似通った意味で使われますが、行儀や礼儀、作法、身だしなみなどの「マナー」は、複数形の〝manners〟となります。

一般論として言えば、洋食の食器の使い方など、礼儀作法として社会的なマナーを身につけることは有用であり、本人にとってもプラスになることが多いです。ふだんと違う場に出ていく時、服装や態度のマナーを知っておくことで、心に余裕を持つことができますし、そこで出会った人との関係も円滑で楽しいものになるでしょう。なので、私はここで「マナー講座」全般の価値を否定するつもりはありません。

知っておいて損はないというマナーは数多く存在しますし、手軽に入手できる「マナー本」やネット記事の「マナー講座」でそうした知識を得ることは有意義でしょう。けれども、それらの「マナー講座」で講師が語っているマナーの中には、本当に昔から存在する「本物のマナー」なのか、疑わしいものも少なくないという事実にも、一定の注意を払っておく必要があるように思います。一見もっともらしい口調や文体で語られているからといって、その情報が必ずしも「本物」であるとは限りません。

そして、自分の人間としての「幅」をさらに広げたいという理由で身につけようとした「マナーとされるもの」が、逆に自分の心や行動を萎縮させ、状況次第では人間の心と行動を縛る「手枷足枷《てかせあしかせ》」にもなりうることにも注意が必要です。

では、身につけた方がいい本物の「マナー」と、集団内での同調圧力の道具になりうる「マナーとされるもの」の違いは、どうやって見分ければいいのでしょうか？

上位者への過剰なへりくだりと「マナー」は本質的に違う

世の中の「マナー講座」の内容に興味が湧いて、いろいろな「マナー本」を読んでみましたが、そこに記されたマナーは大きく二種類に分類できることに気づきました。

一つは、礼服の着方やテーブルマナーなどの「礼儀作法」に関するもの。

もう一つは、社会的な関係性の中で、相手に不快感を与えない、あるいは相手を自分より持ち上げるという意図を、行動や態度に反映させるものです。

前者については、伝統としての継承などで既に定まっている「作法」を自分が身につけるという問題なので、新しいマナーを知れば知るほど、自分にとってプラスになります。

しかし後者については、それほど単純な話ではないようです。

会社組織内の連絡や取引先企業との交渉など、社会的な関係性の中での言葉遣いのルールを知ることは有意義ですが、相手に不快感を与えない、あるいは相手を自分より持ち上げるという意図を重視し過ぎると、上位者に対して過剰にへりくだる心理に囚われ、それが心や行動を萎縮させて精神の自由が失われるというマイナス面も存在します。

あなたは「お辞儀ハンコ」というのをご存知でしょうか？

稟議書などの会社の書類に複数の社員が承認印を捺《お》す際、左端に一番偉い人（例えば社長）のハンコがまっすぐ捺され、その右の欄では次に偉い人（例えば部長）が「ほんの少し左（社長側）に傾けて」ハンコを捺し、その右に捺す人（例えば課長）はさらに少し左に傾けて、という具合に、社内での序列が下の人間ほど左の偉い人に向けて傾けてハンコを捺すという、一部の業界で使われている「ビジネスマナー」を指す言葉です。

銀行などの金融業界では、このやり方に従わないと大問題になるというほど重視されてきたそうですが、電子書類に捺印できる大手印鑑会社の電子印鑑にも、一度単位で傾きを設定する機能があり、「お辞儀ハンコのニーズ」は今も存在するようです。

特定の業界内で継承されてきた慣習という意味では、「ビジネスマナー」なのかもしれませんが、これは誰もが身につけた方がいい本物の「マナー」でしょうか？

それとも、集団内での同調圧力の道具になりうる「マナーとされるもの」に分類すべきでしょうか？

私は、後者だと思います。ほとんど機械的に強いられる「ハンコのお辞儀」は、第三者から見れば、上位者に対する「過剰なへりくだり」という印象が強く、社員の心や行動を萎縮させて精神の自由を失わせる効果もあるように感じられるからです。

ちなみに、この問題を取り上げた、二〇二一年一月九日付の読売新聞記事（ネット版）には、業界団体全日本印章業協会副会長のコメントが紹介されていました。それによれば、「押印は文字が真っすぐになるのが正しい方法」であり、ハンコを斜めに傾けて捺すのは「美しい押し方ではなく、礼儀とも言えない」とのことでした。

そうするのがマナーだ。社会では「みんな」がそうしている。そうしなければ「あいつは礼儀を知らない」と見なされ、出世に響いたり周囲から浮いたりするかもしれない。

だから意味など考えずに、ただ従って「みんな」と同じようにするしかない。

このような心理は、先に紹介したマナーの本来の意味からだいぶ遠ざかっているように思います。むしろ、同調圧力の一形態と呼んだ方がしっくりくるのではないでしょうか？

一見もっともらしい「マナーとされるもの」には、見た目は穏やかでも、少しずつ人の心身を萎縮させて弱らせる、同調圧力の危険な「毒」が含まれていることもあるのです。

神社を参拝するときの「本当のマナー」とは何か

また、一般に「日本の伝統」として語られるマナーの中には、実は歴史がそれほど古いわけではなく、明治時代かそれ以降に作られた、あるいは「それ以前の時代から受け継がれている伝統として新たに定義された」ものが数多く存在するという事実を知っておくことも重要です。

例えば、神社を参拝する時のマナーとして語られる「二礼二拍手一礼」という作法。まず二回お辞儀して、両手を二回打って、最後に一回お辞儀をする。

なお、伊勢神宮や靖国神社などでは、お辞儀の「礼」を「拝」と変えて「二拝二拍手一拝」と呼びますが、後者では前者（四五度）よりもさらに深い角度（九〇度）でのお辞儀が「正しいマナー」とされています。

この「二礼二拍手一礼（二拝二拍手一拝）」は、今ではすっかり「神社を参拝する者は必ずそうしなければならない」かのような、強い影響力を持つ「マナー」になりましたが、これも実は大昔から続く「伝統的なマナー」ではなく、神職ではない一般の参拝者がこうするようになったのは、実は平成の時代になってからでした。

もともと、日本の古い神社はそれぞれの地域ごとに独自のしきたりを伴って創設され、参拝の仕方も地域によって異なっていました。明治時代（大日本帝国時代）になる前の日本では、神社（神道）と仏教のお寺が融合した形式（神仏習合）の施設も多く、神社に詣でる際に仏教式の「合掌」のみという形式も珍しくなかったようです。

その後、大日本帝国時代に現在の「二礼二拍手一礼」に近い作法が定められましたが、当時は神職の人たちの作法であり、一般の参拝者はそれには縛られずに気楽に拝んでいました。

私が小学生の頃（一九七〇年代後半）に近所の神社を詣でる時は、まず綱を掴んで上の大きな鈴（本坪鈴）をガランガランと鳴らし、それからパン、パンと二回手を打ち、合掌して願い事などを頭に思い描くというものでした。

私は現在、三重県の名張市というところに住んでいて、同じ三重県内にある伊勢神宮に時々参拝します。広々とした境内の静謐《せいひつ》な雰囲気が好きだからです。

そして私は、伊勢神宮の外宮《げくう》や内宮《ないくう》に詣でる際、それが歴史の浅い決めごとだと承知の上で、参拝する時には「二礼二拍手一礼」という作法に従っています。その理由は、そこに来ている他の参拝者の穏やかな気持ちを乱したくないと思うからです。

伊勢神宮に参拝する人のほぼ全員が「二礼二拍手一礼」という作法に従っている時に、もし私がそこで「それとは違う自分独自の参拝法」を行えば、周囲にいる参拝者の心に「いらぬ波風」を立ててしまう可能性があります。

私は「絶対に二礼二拍手一礼という参拝法をしない」と決心しているわけではなく、自分自身も心穏やかに、境内での時間を過ごしたいと思っているので、そこで敢《あ》えて「我を張ろう」とは思いません。

　つまり、私はこの伊勢神宮参拝という状況では、同調圧力に「従っている」という言い方もできます。ですが、私は「伊勢神宮では二礼二拍手一礼するのがマナーだとされているから」ではなく、神社の境内のような公共の場では「他の参拝者の心をむやみに乱さないことがマナーだと思うから」という理由で、そうしています。

　マナーとは何かについて考える時、それは「あらかじめ用意された決まりごとを守ること」なのか、それとも「自分以外の人への礼儀や気配り」なのかを、毎回立ち止まって考えることが必要ではないかと、私は思います。

　そうすれば、居丈高に、あるいは一見穏やかに「こうするのがマナーだから」と特定の行動様式への服従や同調を相手に強いる、実質的な同調圧力の状況に直面した時、本当は従う必要がないことにまで「従わされる」ことから逃げられる可能性も高まります。

日本における同調圧力の典型的パターン：「空気読め」

誰もが身に覚えのあるであろう「空気を読む」ことの強制

現代の日本人が同調圧力の問題を考える時、まず頭に思い浮かべるのは、次の言葉ではないでしょうか。

――おまえ、空気読めよ。――

今まで生きてきた中で何度も、こういう言葉を言われた、または、誰かが言われている場面に直面したことがあるのではないでしょうか？

あなたご自身も、この言葉を誰かに言ったことがあるかもしれません。

現代の日本社会では、それくらい一般化した言葉と概念です。

集団を構成するみんなが、誰かの指示や命令を受けたわけでもないのに、魚の群れや鳥の群れのように、統制のとれた行動をしている。そんな中で、周囲とは違う発言や行動をする者がいた時に、警告のような形で発せられるのが、この言葉です。

——おまえ、空気読めよ。——

こう言われて「えっ、空気ってなんですか?」と問う行為も、「空気を読まない態度」あるいは「空気に挑戦する態度」と見なされて、さらに風当たりが強くなります。

でも、ここで言う「空気」とは、地球にあって他の惑星にはない、人間などの生き物が呼吸するのに必要な、窒素や酸素などが混合した気体のことではありません。

空気読め、という場合の「空気」は、「暗黙のうちに決定した多数決のようなもの」という言い方ができるかもしれません。

正しいプロセスを経てなされた多数決なら、「空気」という言葉を使う必要がありません。ただ「多数決で決まったことに従え」と言えば済む話です。

そうではなく、正しいプロセス、つまり議論や意見交換を経ずに、暗黙のうちに決定しているものが「空気」です。

議論や意見交換を経ずに決まったことなので、誰もその内容に責任を負いません。

図1　「空気」と「正しい多数決」の違い

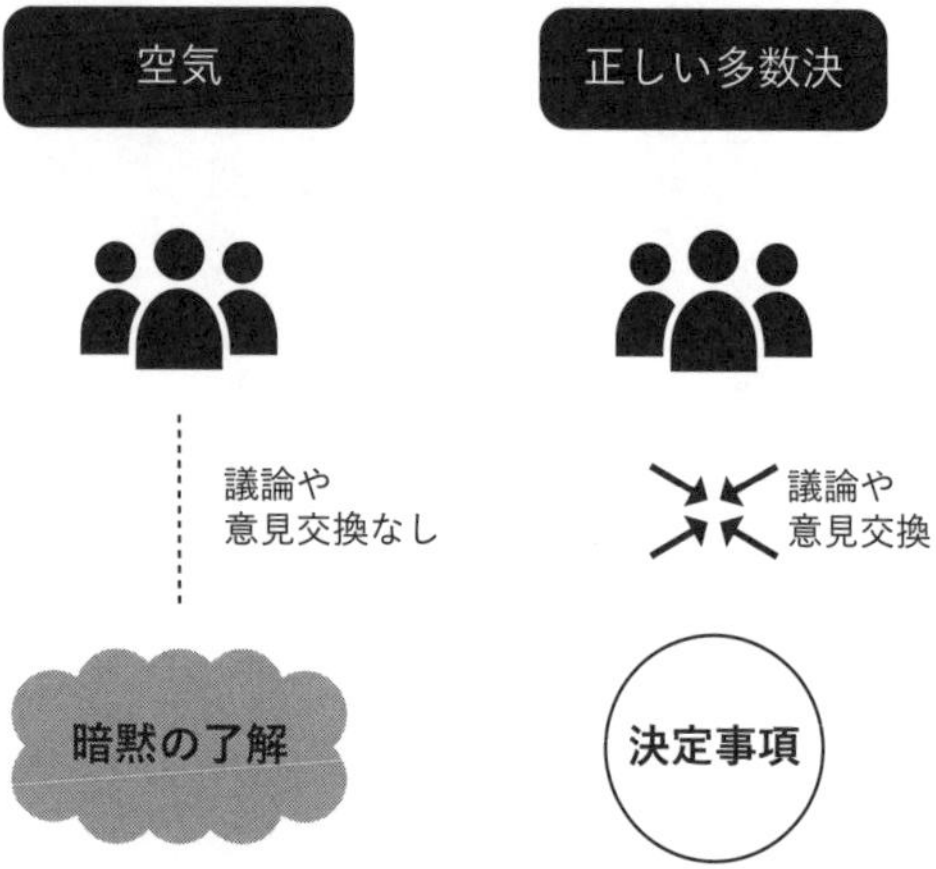

おそろしい話ですが、同調圧力で人を心理的に萎縮させて集団の方針に従わせようとする「空気」には、そもそも責任という概念が存在しないのです。

多数決は民主的手法の一つですが、「暗黙の多数決」はそうではありません。むしろ、暗黙の多数決によって作られる「空気」は、民主的手法とは正反対の存在です。

こうした事実を踏まえて考えると、空気を読むことを相手に強いる行為は「暗黙のうちに決定した多数決の過剰な権威化」という風に表現できるかもしれません。

少し難しい言い回しになりましたが、「権威」とは「従わなくてはならないとされる、偉い存在」のことです。民主的な議論や意見交換もなされないまま、暗黙のうちに、なんとなく集団内でまとまった「合意」が、あたかも「非公式な法律」あるいは「部族の掟」のような抗《あらが》いにくい力を持ち、みんながそれに従うことを強いられる。でも、実は誰も、なぜそんなものに自分やみんなが従わなくてはならないのか、という理由について、筋の通った形で説明できない。

この気持ち悪さが、同調圧力としての「空気」の正体だと思います。

一向に弱体化する気配のない「空気」という透明なモンスター

集団あるいは社会的な「場」を支配する、暗黙の心理的威圧という意味での「空気」という言葉は、先の戦争中にはすでに当たり前のように使われていた様子ですが、この概念の「危うさ」が日本社会で広く認識されるようになったのは、山本七平の著書『「空気」の研究』がベストセラーになってからだろうと思います。

この本が文藝春秋という出版社から刊行されたのは、一九七七年のことで、今から四六年も前の話になります。

実際には、山本七平の『「空気」の研究』はいわゆる同調圧力がテーマではなく、日本で物事の決定が下される経過においては、論理的に説明可能なプロセスと、そうでない、非論理的で誰にも説明できないプロセスの二種類がある、というのが主題でした。

山本はまず、ある教育雑誌の記者から「道徳教育」についての意見を聞かれた経験から話を始めました。そこで山本は、自分の考えを記者に伝えましたが、その過激な内容（ニュアンスまで含めて要約するのは難しいので、興味がおありの方は原書を読んでください）に驚いた記者は、「そのまま掲載するのはむずかしい」と答えます。

山本が「どうしてですか？」と理由を訊《き》いても、記者は論理的に何も説明できません。その代わりに記者が口にしたのが、「現場の空気としましては、でも」とか「うちの編集部は、そんな話を持ち出せる空気じゃありません」などの言葉でした。そのやりとりを興味深い現象だと感じた山本は、同書でこう書きました。

大変に面白いと思ったのは、そのときその編集者が再三口にした「空気」という言葉であった。彼は、何やらわからぬ「空気」に、自らの意志決定を拘束されている。いわば彼を支配しているのは、今までの議論の結果出てきた結論ではなく、その「空気」なるものであって、人が空気から逃れられない如く、彼はそれから自由になれない。従って、彼が結論を採用する場合も、それは論理的結果としてでなく、「空気」に適合しているからである。〔略〕
「空気」これは確かに、ある状態を示すまことに的確な表現である。人は確かに、無色透明でその存在を意識的に確認できにくい空気に拘束されている。従って、何かわけのわからぬ絶対的拘束は「精神的な空気」であろう。（文春文庫版、p.15）

そして、自らも当事者として経験したアジア太平洋戦争で、明らかに非合理的な決定が「明確な論理による検証のプロセス」を経ずに決定されたのも、そのような「空気」による思考の支配あるいは拘束が原因だったのであろうと類推しました。

たとえば、ある会議であることが決定される。そして散会する。各人は三々五々、飲み屋などに行く。そこでいまの決定についての「議場の空気」がなくなって「飲み屋の空気」になった状態での文字通りのフリートーキングがはじまる。そして、「あの場の空気では、ああ言わざるを得なかったのだが、あの決定はちょっとネー……」といったことが、「飲み屋の空気」で言われることになり、そこで出る結論はまた全く別のものになる。

（同、pp.81-82）

物事が、非論理的かつ非合理的なプロセスで決められる。表向きは、論理的あるいは合理的な判断と議論に基づいて賛否が決められたかのような体裁がとられるが、実際には、それとは異質な次元の「場の空気」に思考や発言を拘束され、本当に心の中で思っていることを口に出して言えず、全体の「空気」に沿う意見だけを参加者全員が述べる。

このような異様な光景を、山本は客観的かつ論理的に分析しましたが、その場に居合わせた人が、思考や発言を「空気」によって拘束され、理不尽に封じられるのは、まぎれもなく同調圧力の効果だと言えるでしょう。

「空気」による同調圧力が引き起こす二種類の心理的萎縮効果
――おまえ、空気読めよ。――


この言い方で相手に加えられる同調圧力には、二種類の効果があります。

ひとつは「相手が特定の行動を行うよう仕向ける」こと。

そしてもうひとつは「相手が特定の行動をとることを封じる」ことです。

例えば、忘年会などの宴会で、大勢の仲間が見ている前で誰かを名指しして、みんなでその人に「何かの芸」をさせようとする光景を思い浮かべてください。

その「芸」は、集団の中で前から継承されていたり、リーダーが好んでいたりするものですが、直接的な言葉で「この芸をせよ」とは誰も言いません。

誰も言わなくても、その「芸」が求められていることを、みんな知っている。

でも、指名されたAさんは、自分が求められている「芸」をしたくない。

または、自分が何を求められているのかがわからない。

そんな理由で、Aさんは期待された「芸」とは違う行動をとってしまう。

それを見た周囲のみんなは、肩すかしにあった気分でこう言い放つ。

——おまえ、空気読めよ。——

本当は、そこにいる「みんな」がそれを面白いと思っているわけではなく、集団の同調圧力で誰かが自分のしたくないことをやらされる光景を見るのがいやだという人も、中にはいるはずです。

でも、それを口に出す勇気がある人は稀で、たいていの場合は、目の前の光景が不快だと思っても、黙ってそのままやりすごしてしまいます。

もし誰かが、その理不尽な状況を見かねて「Aさん、嫌がってるだろう。もうやめようよ」と言えば、「芸」を期待していた人間たちからこう言われるでしょう。

——おまえ、空気読めよ。——

最初の同調圧力は、みんながおまえにその「芸」を期待しているんだから、そんな「空気」をちゃんと読み取って、みんなの期待を裏切るなよ、という心理的圧力です。

そして二番目の同調圧力は、名指しされた者に「芸」をさせるというのが「みんなの暗黙の合意」なのだから、集団のメンバーであるおまえもその「空気」をちゃんと読み取って、よけいな口出しで邪魔するなよ、という心理的圧力です。

このように、同調圧力は、その標的となった人間に「特定の行動を行うよう仕向ける」効果を及ぼしたり、「特定の行動を封じる」効果を生み出したりします。

それによって、集団内での行動が画一化され、特定の方向性で思考が統一されます。

でも、そんな思考の統一で、集団内の一人一人の人間が幸せになるのでしょうか？

「日本人なら」という、ソフトでおそろしい日本の同調圧力

政治家が使い始めた「日本人なら〇〇をして当然」という言い方

過去の歴史を振り返れば、人々の行動を画一化したり、人々の思考を特定の方向性

で統一するようなことを、国家あるいは権力集団が行った事例は数多く存在しました。古くは、部族社会や封建的な領主による支配、中世の絶対王政や近世の帝国、そして近現代においては全体主義（いわゆるファシズム）や一党独裁体制、軍部独裁政権などが、自らの支配体制を安定させ永続化するために、人々の思考から自由を取り上げて、特定の思考や行動を人々に強制しました。

このような、強制による行動の画一化や思考の統一は、制度や命令などの形で具体化しており、責任の所在が比較的はっきりしています。なので、本書で取り上げる同調圧力の問題とは、少し質が異なります。

けれども、人々が油断していると、一見民主的に思える政治体制の国でも、制度や命令などの具体的な形式によらず、暗黙の心理的圧力を利用して、行動の画一化や思考の統一などを人々に強制する事例が起きることがあります。

これは、政治権力者が人々を威圧して支配下に置くために利用する同調圧力です。

その具体例をいくつか挙げましょう。

二〇二二年九月二十七日、東京の日本武道館で、同年七月八日に殺害された安倍晋三元首相の「国葬」が営まれました。しかし、法的根拠の曖昧さなどから国民の反対意見も根強く、開催を閣議決定した岸田文雄内閣と政権与党の自由民主党は苛立《いらだ》っていました。

そんな中、自民党の有力幹部である二階俊博元幹事長は、九月十六日に衛星放送の番組収録で「(国葬が)終わったら、反対していた人たちも必ずよかったと思うはず。日本人ならね」と述べました(二〇二二年九月十六日付朝日新聞ネット版記事ほか)。

また、同じく自民党有力幹部の麻生太郎副総裁も、国葬から五日後の十月二日に博多市内で開かれたパーティーの挨拶で、次のように語りました。

　人から強制されたわけでもなんでもない国葬というのがある。あれだけの多くの人が延々と夜まで並んでいるという状況を見て、私は正直何とも言えない気持ちになって、本当に立ち止まってお辞儀をしてしまったのが正直な実感なんで。そういった日本人が今、若い人たちのなかに育ちつつある。若い人たちのなかに多くの日本人が育ちつつある。

そういった意味で、若い人たちのなかに希望が見える、そう確信して日本の政治に取り組んで参りたい。

（二〇二二年十月三日付朝日新聞ネット版記事）

この二つの言葉を読んで、あなたはどう感じましたか？

二階元幹事長の「日本人なら、国葬をやってよかったと思うはず」という意味の言葉。なぜ日本人ならそう思うのか、という理由の説明がありませんが、この発言を裏返せば「国葬をやってよかったと思わない人間は、日本人ではない。俺はそんな連中を日本人とは認めない」という、ソフトな脅し文句であるとも受け取れます。

麻生副総裁の言葉も、国葬の行列に一定数の若者が並んでいたのが事実だとしても、なぜその若者たちだけが「日本人」として認められるような言い方なのか、という理由の説明がありません。国葬の行列に並ぶ若者の中に「日本人が育ちつつある」のが事実なら、国葬が営まれる前の日本には「日本人」は育っていなかったんでしょうか？

改めて説明するまでもなく、この二つの発言は、自分が日本人だと周囲に思われたいのならば、国葬に賛成せよ、という同調圧力に他なりません。けれども、やり方があまりにお粗末だったせいか、意図されたような効果は生じなかった模様です。

国葬二日前の二〇二二年九月二十五日付東京新聞ネット版記事によれば、同年九月に主要メディアが行った世論調査では、いずれも「国葬に反対」が多数という結果になりました。一番反対が多かったのは、それまで安倍政権に好意的だった産経新聞とFNN（フジテレビ）の62・3％で、次が毎日新聞の62％、共同通信が60・8％、日経新聞とテレビ東京は60％、NHKは56・7％、朝日新聞と読売新聞は共に50％、時事通信が51・9％という結果でした。

「日本の女性は偉い。なぜなら文句を言わないから」という同調圧力

安倍元首相の国葬に対する批判を弱め、多くの国民に賛同させようという「同調圧力の創出」は、結局失敗に終わったようですが、「日本人ならば、こんな態度をとるはずだ」という一方的な決めつけは、昔から日本社会で根強く語られてきました。

それは時には「日本人らしさ」や「男らしさ」、「女らしさ」といったステレオタイ

プとして、行動の画一化や思考の統一を人々にうながす、あるいは押し付ける、同調圧力の効果を生じさせてきました。

こんな、一見もっともらしいステレオタイプの同調圧力で、人々の思考から自由を取り上げる事例は、今でも社会のあちこちで目にすることができます。

日本では、女性の権利保障や社会進出の機会が今なお諸外国と比べて少ないですが、その背景には、男尊女卑の時代に作られた「女らしさ」というステレオタイプと、それに従うことを暗黙のうちに女性に強いる、日本社会の同調圧力があると言えます。

世界経済フォーラム（WEF）が二〇二二年七月十三日に発表した「世界ジェンダー・ギャップ報告書2022」によれば、ジェンダー（文化的・社会的な文脈での性別）の平等を四つの指標（経済、教育、健康と生存、政治参加）で評価した国際ランキング（通称「男女平等ランキング」）において、日本の順位は一四六か国中で一一六位でした。

二〇二一年の日本のランキング順位は一二〇位だったので、四ランクアップしたとは言えますが、日本以外のG7構成国は、ドイツが一〇位、フランスが一五位、イギリスが二二位、カナダが二五位、アメリカが二七位、イタリアが六三位で、日本はG

7では他国に大きく引き離されたダントツの最下位という状態が続いています。

日本社会で、ステレオタイプな「女らしさ」がいつどのように創出されたかを特定するのは難しいですが、戦前の一九三〇年代にも、現代の日本社会に繋がる、一見すると女性を褒めているようで実はその逆という「女性論」が語られていました。

一九三三年十月、新潮社は「日の出」という大衆雑誌の附録として、計一六〇ページの冊子『世界に輝く　日本の偉さはここだ』を出版しました。

この冊子のテーマは、満洲事変（一九三一年九月）後の国際的孤立と経済的低迷で自信と将来への展望を見失っていた当時の日本国民を、「日本は諸外国と比較してこんなに素晴らしいのだ。日本と日本人はこんなに偉いのだ」と励ますことでした。冊子の巻頭には、当時の文部大臣と逓信《ていしん》大臣（逓信省は戦後に総務省、日本郵政およびNTTへ分離）が序文を寄せており、政府の国策にも合致する内容だったことがわかります。

この冊子の収録記事の中に、「日本の女性は偉い」と題された寄稿がありました。

筆者は衆議院議員の小林絹治でしたが、その内容は次のようなものでした。

親兄弟、夫やわが子の為めにはいかなる犠牲にも甘んずるのが日本の女である、家運傾くに従って段々強くなる、深窓に育ったお嬢さんが賃仕事から遂には馬力の後押しをしてまでも病夫を養い、或は遺児を育てると云うようなことは、日本の女以外には見られない。

独逸《ドイツ》の女は、かなり所帯持ちがよいというが、日本とは比較にならぬ、アメリカの女などは全く箸にも棒にもかからぬ存在である。彼女等は只自己享楽のためにのみ生きているという行《ゆ》き方である。〔略〕

もちろん欧米の女性の中にも、わが国に見るような良妻賢母は皆無という訳ではあるまいが、忍耐の権化ともいおうか、犠牲心の結晶ともいうべき日本の女性とは全然比較にならぬ。〔略〕世界人類の史上において、日本の女性のようなエライ女性がいつの時代どこの国にあったか。〔略〕

近頃、半可通の上流家庭などで、「モダンガヘル」とかいう紅毛人の真似をする不心得な女の湧いて来たことは、まことに嘆かわしいことだと思う。

(pp.107-108)

森喜朗東京五輪組織委会長の「女性はわきまえる」発言

小林絹治衆議院議員が「日本の女性が諸外国の女性よりも偉いと思う理由」は、親兄弟や夫やわが子のための犠牲に甘んずること、忍耐や犠牲心を並外れたレベルで発揮することでした。そして彼は「日本女性ならば、こうあれ」と威圧しています。

現在もなお、年輩の男性を中心にこうした価値観が根強く残っている状況を鑑みれば、小林絹治議員の認識は、当時の「女らしさ」として日本社会で共有されるものだったのだろうと思われます。日本が今でも「男女平等ランキング」で「下から数えた方が早い」という状況なのも、当時の価値観を払拭《ふっしょく》できていないからでしょう。

そうした事実を示す出来事が、東京オリンピック・パラリンピック（以下「東京五輪」と略）の開催前に日本で起き、国内外のメディアをにぎわせました。

二〇二一年二月三日、東京五輪組織委員会の森喜朗会長は、出席した日本オリンピック委員会（ＪＯＣ）の臨時評議員会で、女性の理事を増やすというＪＯＣの方針に関して、次のように発言しました。

「女性がたくさん入っている理事会の会議は、時間がかかります。」
「女性っていうのは競争意識が強い。誰か1人が手をあげていうと、自分もいわなきゃいけないと思うんでしょうね。」
「私ども〔東京五輪〕組織委員会にも、女性は7人くらいおりますが、みんなわきまえておられて。〔略〕ですから、お話もシュッとして、的を射た、そういう我々は非常に役立っておりますが。」

（二〇二一年二月三日付朝日新聞ネット版記事、一部要約）

この発言内容は、明らかに女性への蔑視を含んでおり、国内外で強い批判を呼び起こしました。五輪憲章の理念には「肌の色や性別、宗教などいかなる差別も許さない」との文言があり、森会長の発言は五輪憲章に反するものだとも指摘されました。

森会長は結局、二月十二日に辞任を表明しましたが、二月四日に開いた記者会見では、続投する意向を示していました。国内の主要メディアも、森会長に辞任を求めるような追及報道はせず、森会長が表明した続投の意向をそのまま伝えました。しかし海外メディアと諸外国のスポーツ組織関係者からの強い批判を浴びたことで、続投は不可能となりました。

ここで注目すべきは、森会長が語った「女性は七人くらいおりますが、みんなわきまえておられて」という言葉です。

わきまえる、という言葉は「身の程をわきまえる」などの形でよく使われますが、身の程とは「自分の身分・地位・能力などの程度」（広辞苑）という意味です。また、「身の程知らず」は、これらを「わきまえない人」を指す表現です。女性なのに「身の程をわきまえない」者がいれば、何らかの制裁を受ける可能性も示唆しています。

つまり、森会長が語った「（組織委の）女性は、みんなわきまえておられて」という言葉には、女性が男性と同等に発言することを容認するつもりはない、だから女性は「身の程をわきまえて」意見の表明を控えよ、という脅しの意図も読み取れます。

こうした言葉の使い方も、明文化した規則や制度に依らずに、集団を構成する人々に行動の画一化や思考の統一を強制する、同調圧力の一形態だと言えるでしょう。

第二章

誰が何のために、同調圧力を生み出しているのか

この章では、同調圧力が社会で発生する原因や仕組みに光を当て、その複雑な構造を読み解きます。そして、日本における同調圧力の現象がとりわけ極端だった時代であった、戦前・戦中の大日本帝国時代における「同調圧力による支配」の実例にも目を向け、当時と現在の日本社会の類似性について論考します。

日本と他の国では、同調圧力への「抵抗力」が違う？

同調圧力は「日本だけの現象」ではないのにそう感じる理由

日本で「同調圧力」と呼ばれている社会現象あるいは心理的状態を、英語では「ピア・プレッシャー」と呼んでいます。

ピア（peer）とは、同輩や友人から成る集団のことで、その集団内の規範への同調や順応を各メンバー（構成員）に強いる心理的圧力を、こう呼んでいます。厳密には、その意味するところは、日本の同調圧力とまったく同じではありませんが、全体として見た場合には、その理不尽さも含めて、重なる部分が多々あるようです。

つまり、同調圧力という社会現象あるいは心理的状態は、日本独自のものではなく、欧米諸国を含む諸外国にも、程度の差こそあれ、存在しているのです。

ところが、日本社会ではしばしば「日本は同調圧力が強い国だ」と、あたかもそれが日本固有の現象ないし状態であるかのように語られます。

これは一体どういうことでしょうか？

日本人からすると、欧米人は、集団の中でも自分が思ったことを遠慮なく口にしたり、自分一人だけが違う行動をとったりすることが平気なように見えます。

自分が属する集団の中で、おかしいと疑問に思うことが何かあれば、「これはおかしいんじゃないか」と発言し、周囲のメンバーも「確かにそうかもしれない」と耳を傾けて、今までのやり方を別の形にあっさり変更することも珍しくありません。

欧米にも「ピア・プレッシャー」は存在するはずなのに、それに押し潰されずに、自分の言いたいこと、やりたいことを通す人が、たくさんいるように見えます。

それは、アジアやアフリカなど他の地域でも同様です。それぞれの国や地域に、何かしらのピア・プレッシャーのようなものは存在するはずですが、それでも町中で人の様子を観察すると、宗教的な教義が厳しい国は別として、それ以外ではわりと自由に、周囲との摩擦を過剰に気にすることなく、気楽な感じで自分の言いたいことを言い、したいことをやっているように感じられます。

では、それらの国々と日本では、何が違うのでしょうか？

まず注意すべきポイントは、同調圧力やピア・プレッシャーが「存在するか否か」ではなく、それらの圧力に「抗う力」あるいは「抗う勇気」を、国民や市民がそれぞれの内面に持っているかどうかではないかと、私は思います。

集団の中で、何らかのピア・プレッシャーが存在したとしても、一人一人の国民や市民が、それに抗うだけの「抵抗力」を持っていれば、ピア・プレッシャーで集団に従わせる効果は激減します。逆に、それに抗うだけの「抵抗力」を、一人一人の国民や市民が持たなければ、同調圧力で集団に従わせる効果は、逆に強化されます。

私は、この同調圧力に対する「抵抗力」とは「自分は個人であるという意識」ではないかと思います。

個人とは、英語で「インディビデュアル」と言いますが、人間は一人一人が独立した存在であり、それぞれがオリジナルの考えや価値観、行動規範を持ってもいいという考え方に根差しています。横暴な権力者を、市民のデモや革命で倒すという社会的プロセスも、一人一人の人間がそれぞれ独立した価値を持つという考え方の上に成り立つものです。

この考え方が子どもの頃から内面化していれば、たとえ集団や共同体の内部で多少のピア・プレッシャーがあったとしても、よほど大きな権威（服従しないといけないような超越的存在）に裏打ちされていない限り、無視しても大したことになりません。

日本でとりわけ同調圧力が強いように感じられるとしたら、それは社会の中で「個人」を尊重しようという風潮と、一人一人の国民や市民の内面における「自分は個人だという意識」が、諸外国に比べて少ないからではないか。だから、同調圧力への「抵抗力」も諸外国の人より弱くて、それに負けてしまう人が多いのではないか。

私はこんな風に考えます。

同調圧力が猛威を振るうのは「個人」が尊重されない社会

先に述べたように、「個人」が確立した社会では、同調圧力と「個人」の力が拮抗《きっこう》するので、一人一人の国民や市民がその圧力に押し潰されずに済みます。

けれども、「個人」が確立していない社会では、同調圧力と「個人」の力が拮抗せず、心理的な圧力が「個人」を圧倒してねじ伏せるような形になってしまいます。

ヨーロッパでも、ナチス・ドイツのようなファシズムの国では、社会の中で「個人」を尊重する価値観が一時的に失われ、国家「全体」や社会「全体」が共有する価値観や世界観に、国民全員が同調して従うことを政府が強要していました。

ファシズムを日本語で「全体主義」と呼ぶのは、こうした図式があるからです。

ナチス時代のドイツでも、そうしたピア・プレッシャー（ドイツ語では「グルッペンツヴァング＝集団の力」）に抗い、ヒトラーやナチスに反逆した人は一部にいました。

有名なのは、ミュンヘン大学でナチス批判のビラを撒《ま》いて逮捕・処刑された、ゾフイーとハンスのショル兄妹らの「白バラ抵抗運動」ですが、彼ら以外にも、ファシズムによる支配はやがてドイツを滅ぼすことになると考え、一刻も早くヒトラー体制を打倒すべきだと確信して行動を起こすドイツ人が少なからずいました。

トム・クルーズ主演の映画『ワルキューレ』で描かれた、ドイツ軍の反ナチス将校によるヒトラー暗殺とクーデターの計画（一九四四年七月二十日事件）もその一例です。

最高司令官である「総統」ヒトラーに忠誠を誓っていたはずのドイツ軍人の中にすら、そんな考えを持つ者が、組織の中枢に存在していたのです。

ナチス・ドイツと同じ時代、つまり昭和期の大日本帝国時代の日本でも、明治期や大正期には限定的ながら社会に存在した、「個人」を尊重する価値観（たとえば自由民権運動）が一時的に失われ、国家全体や社会全体が共有する価値観や世界観、すなわち「天皇を中心とする国家体制への献身奉仕」という考え方に、国民全員が同調して従うことが強要されていました。

しかし、ドイツと異なるのは、第二次世界大戦（日中戦争とアジア太平洋戦争）中の大日本帝国には、自国の将来のために国家体制を変革する行動を起こす軍人や国民が、ほとんど存在しなかったことでした。

当時の大日本帝国の国民（天皇に仕える立場という意味で「臣民」と呼ばれた）は、一九四五年八月に破滅的な降伏を迎えるまで、国家全体や社会全体が共有する価値観や世界観に従い続け、もし従わない者がいれば、周囲の国民が情け容赦なく同調圧力をかけて、精神的なプレッシャーで押し潰して従わせました。

ここにも、社会の中に「個人」が存在したかどうかという違いが見て取れます。同調圧力の問題を批判的な視点で考える場合、この「個人」という要素は、きわめて重要であるように、私には思えます。

なぜなら、「個人を尊重しない社会や国家」とは、つまるところ「人間を人間として尊重しない社会や国家」であり、社会や国家という集団を守るためなら平気で「同調しない人間」を虐げたり殺したりするような方向へと進んでいくものだと、過去の歴史が我々に教えているからです。

第二次世界大戦で大日本帝国とナチス・ドイツはなぜ負けたか

では、当時のナチス・ドイツや大日本帝国において、多くの国民はなぜ、国家全体や社会全体が共有する価値観や世界観に国民全員が同調して従うという、全体主義や国家主義のシステムを「良いものだ」と認識し、それを守るためのグルッペンツヴァングや同調圧力に積極的に加担したのでしょうか。

その理由の一つは、国民全体がそうしたほうが「国家としての力が強くなる」と、国民自身も考えたからでした。

国家という集団のメンバーが、いろいろな考えを持って、基本的な価値観や世界観の違う人間が意見をぶつけ合って物事を決める国よりも、一人の超越的な指導者をトップに据えて、その指導者イコール国家の本質であるとの世界観を国民に植え付け、あらゆる物事をその世界観に合わせて決める国の方が、組織として強いのではないか。

当時は、そのような考え方が広く国民の支持を集めていました。

この価値観に基づいて、ナチス・ドイツと大日本帝国、そして実はヒトラーのナチスよりも先にファシズム体制を築いたヨーロッパのもう一つのファシズム国家であるイタリアの三国が、一九三七年十一月六日に「日独伊防共協定」を結び、一九四〇年九月二十七日には「日独伊三国同盟」という軍事同盟を締結して、第二次世界大戦を開始・拡大していきました。この陣営は「枢軸国」とも呼ばれます。

戦争の初期段階においては、確かに「枢軸国」があちこちで勝利しました。

一人の超越的な指導者をトップに据えて国民全体がそれに従い、もし従わない者がいれば、グルッペンツヴァングや同調圧力で精神的に締め上げて同調させるという、ナチス・ドイツと大日本帝国のやり方は絶大な威力を発揮し、ドイツ軍と日本軍は連戦連勝で支配権を拡大していきました。

ドイツ軍は西欧から北欧、東欧、南欧、北アフリカにまで勢力圏を広げ、日本軍は東南アジアと中国東部、太平洋のいくつかの島を手中に収めました。当時の日独両国民の多くは、自分たちのやり方はやはり正しかった、このまま自国の勝利で戦争は終わると確信しました。

けれども、そうはなりませんでした。

ヨーロッパでの戦争は、一九四二年九月から翌一九四三年二月にソ連領内で繰り広げられた「スターリングラードの戦い」で戦局が一転し、ドイツ軍の優位は事実上失われました。太平洋戦域でも、一九四二年六月の「ミッドウェー海戦」と、同年八月から一九四三年二月までの「ガダルカナルの戦い」でのアメリカ軍の勝利により、日本軍の優位は完全に失われました。

そして、一九四五年五月にドイツが、同年八月には大日本帝国が、それぞれ連合国に無条件降伏しました（日本政府の正式な降伏の日付は一九四五年九月二日）。

なぜそんなことになったのか。

大きな理由の一つは、国家全体の進路が間違っている時に「我々は間違っているのではないか」と声を上げることを、国家体制が厳しく禁じてしまったからでした。

政府と国民によるグルッペンツヴァングや同調圧力は、国民の一人一人が現在の状況や進路に疑問を感じても、それを口に出すことを許さず、もし発言する人間がいれば冷酷に潰す役割を果たしました。しかし実際には、指導者や指導部の幹部も、神様ではない生身の人間であり、間違った判断を下すことも多々ありました。

国民の異論を封じ、国全体を一方向に向かわせる同調圧力は、その国が間違った方向に向かい始めた時もそのまま「異論を封じる効果」を持ち続けました。その結果、国全体が奈落の底に転落するのを加速させる役割を果たしてしまったのでした。

なぜ多くの日本人は昔から、同調圧力が「好き」なのか

積極的に「好き」ではないけれども、消極的に「嫌いではない」

一九四五年八月十四日に、大日本帝国政府は連合国の降伏要求「ポツダム宣言」を受諾し（その事実を国民に伝える昭和天皇の録音演説、いわゆる「玉音放送」がラジオで流されたのは八月十五日）、戦勝国による七年間の占領統治時代を経て、一九五二年四月二十八日に新たな価値観に基づく「日本国」として再スタートを切りました。

その「新たな価値観」とは、一九四六年十一月三日に公布、一九四七年五月三日に

施行された「日本国憲法」でした。大日本帝国時代の失敗を反省して作られたこの憲法の第十三条には、「すべて国民は、個人として尊重される」という文言が明記されました。

また、同調圧力という問題との関連で見ると、第十八条に「何人も、いかなる奴隷的拘束も受けない」、第十九条に「思想及び良心の自由は、これを侵してはならない」という文言があり、第二十一条には「集会、結社及び言論、出版その他一切の表現の自由は、これを保障する」、第三十一条には「何人も、法律の定める手続によらなければ、その生命若しくは自由を奪はれ、又はその他の刑罰を科せられない」との内容が記されています。

これらを考えれば、戦後の日本は昭和期の大日本帝国に比べれば、同調圧力で国民の心理が圧迫される心配は大きく減少するはずでした。

しかし、そのようにはなりませんでした。

二十一世紀に入った現在もなお、日本社会には多くの同調圧力が存在しており、近い将来にそれらが解消されるという見込みも、今の時点では立たないようです。

日本は敗戦後、帝国という全体主義から民主主義の国に変化したはずなのに、なぜか同調圧力で人々の精神的自由を圧迫する現象は、根強く残っている様子です。

時代が二十一世紀に入り、生活を取り巻くテクノロジーが大きく発展しても、同調圧力という「村の掟」のような精神的支配の枠組みが、いつまでも社会の中心部に居座っています。

なんでそんなことになるのでしょうか？

その理由を一言で説明するなら、日本人の多くは現在もなお、同調圧力という国民相互が自発的に統制し合うやり方が「好き」だから、ではないでしょうか。

こう書くと、身も蓋《ふた》もない話になってしまいますが、より丁寧に説明すると、日本人の多くは同調圧力に伴う「マイナス面」よりも、それが集団に及ぼす「プラス面」の方が大きいと考え、それを社会から無くすよりは、むしろあった方が、自分にとっても望ましいかも、と理解しているのではないか、ということです。

いや、私は同調圧力なんて全然「好き」ではないぞ、という方もおられるかとは思います。でも、「だから私は同調圧力を社会から無くすための戦いを日々続けている」

という市民が、今の日本にどれだけいるでしょうか？

積極的に「好き」ではないけれども、消極的に「嫌いではない」という言い方なら、自分もその中に含まれるのかもしれないと感じる人は、今の日本社会で、意外と多いのではありませんか？

同調圧力が持つ二種類の社会的効果：特定行動の禁止と奨励

国民相互の自発的な統制という面から、同調圧力の「効能」を考えると、そこには「社会の秩序を安定させる効果」があることに気付きます。

秩序、というのは、そこにいるみんなが「和を乱す」ような態度をとることなく、ピラミッドやツリーのような形の「上下の序列」を形成して、下の者は上の者に従順に従うことで成立する、有機体のような状態を指す言葉あるいは概念です。

個人の自由や権利という観点から見るのではなく、国全体や共同体全体の平穏な維持という観点から、同調圧力のメリットを考えれば、それを使うことによって内部の秩序が保たれるという「効能」が、プラスの価値として認められます。

みんなが確固とした自分の意見を持たず、全体あるいは指導部の意向に合わせて、同じ方向性の考えを抱いて行動すれば、あれこれと議論する手間が省けるので、効率的だ。

そんな風に思う人は、少なくないのではありませんか?

この一見もっともらしい考え方の危険性については、第三章と第四章で詳しく論考しますが、日本の社会は昔も今も、欧米などの民主主義が発達した国と比較すると、社会の中での優先順位として、「個人の自由」よりも「全体の秩序」を上位に置く傾向が強いようです。第一章で紹介した中学生時代の経験も含め、私は今までに何度も、そんな気分を味わわされてきました。

自由という概念を「わがまま」や「自分勝手」のように曲解し、厳しい校則で制限して「校内の秩序を守る」という教師は、日本の学校では珍しくないはずです。

そして、集団や共同体の秩序を維持するために、さまざまな形で活用されてきたのが、同調圧力という心理的な「道具」でした。

自分は「支配される側」なのに「支配する側」の目線で考えてしまうクセ

日本では諸外国に比べて「個人」が尊重されない、という話を、本章のはじめの方で書きましたが、それはつまり、日本人は同じ集団や共同体に所属する自分以外の人間、とりわけ「仲間」や「身内」以外を、あまり信用していない、ということでもあります。

なぜなら、自分の「仲間」や「身内」以外の人間でも「個人として信用する」ことで、お互いに「個人として尊重し合う」関係を構築できるからです。

その逆のパターンとして、自分の「仲間」や「身内」以外の人間を信用しなければ、それらの人間が「何をしでかすかわからない」という不安に苛まれることになります。

知らない誰かが、自分勝手なことばかりすれば、集団や共同体の秩序が乱れていき、安心して日々を過ごすことができなくなるかもしれない。

そんな懸念が際限なく膨らむと、全体を統制する「規則」と、それを個々のメンバーに押し付けて従わせる同調圧力があった方がいい、という考えになります。

——明文化された「規則」が無いなら、暗黙の合意に基づく「しきたり」や「空気」

でもかまわない。それらの統一的な方向性を持つ心理的な共通認識があれば、全体的な秩序の安定と自分たちの「心の平和」が保たれるはずだ――。

そんな風に考えると、人は自然と規則や同調圧力を自ら求めて、自分の思考や行動の自由を多少放棄してでも、それで全体を統制してもらいたいと思うようになります。

そして、そうした心理がエスカレートすると、自分を含む集団や共同体を支配するリーダーに、全体を統制する「権力」を付託した方がいいという考えに至ります。

では、自覚しないまま、自分の思考をリーダーの思考に同調させるとどうなるか。

自分が本来持っているはずの自由や権利をリーダーが不当に侵害するような事態が生じても、それに対する怒りの感情を抱かなくなり、むしろ「リーダーの目線で」そのような状況の「合理性」を見出し、理解を示すようになります。

昨今の日本では、自分は権力に支配される側の国民なのに、なぜか支配する側の首相や政府の目線で物事を考えたり、自分も安い賃金で雇われている被雇用者の立場なのに、なぜか経営者の目線で雇用問題を考える人が珍しくないようです。

最低賃金を上げろ、という労働者のデモを見て、自分も被雇用者の立場なのに、妙に冷めた態度で「むやみに賃金を上げて会社の経営が傾いたら、困るのはお前らだろう」などと、経営者目線で思考してデモの参加者をあざ笑う態度をとったりします。

あるいは、政府の横暴な政策に対して座り込みで抗議活動をする市民を見て、自分も税制など他の政策で現政権から冷遇されている立場なのに、「あいつらは自分勝手な行動で社会に迷惑をかけている」などと悪口を流布し、抗議活動への賛同が広まるのを邪魔したりします。

こうした現象も、全体の秩序を維持するというプラスの側面を過剰に重視した結果としての、リーダーの思考形態への無自覚な同調だと言えます。そして、思考がそんな状態になれば、自分は「支配される側」なのに「支配する側」だと錯覚して、支配する側に都合のいい方向性の同調圧力を、周囲のメンバーにかけることが平気になります。

本人はいいことをしているつもりで、自分の思考をリーダーに同調させ、周囲の人々に同調圧力をかけて全体の秩序に従わせるという構図は、昔の日本にも存在しました。それが最も激しかったのが、先の戦争中、つまり昭和の大日本帝国時代でした。

戦前・戦中の大日本帝国時代に猛威を振るった、同調圧力の精神文化

昭和の大日本帝国で肥大化した「天皇陛下のため」という同調圧力

日中戦争やアジア太平洋戦争の最中、日本の社会がどれほど窮屈で、言論や行動の自由がなく、あらゆる言動が「天皇と国家への奉仕」という尺度で評価されていた事実は、専門の歴史書を読んだことはなくても、当時を舞台にした映画やドラマ、小説などを通じておぼろげに知る人は多いでしょう。

この時代に、人心を支配するための強力な道具となったのが、同調圧力でした。

日中戦争が起きたのは一九三七年、元号で言えば昭和一二年でした。アジア太平洋戦争が勃発した一九四一年は昭和一六年、日中戦争の前段階としての満洲事変が起きた一九三一年は、昭和六年。これらの出来事はすべて、昭和の大日本帝国時代でした。

明治期や大正期の日本も、制度的には同じ大日本帝国でしたが、言論や行動の自由という観点で見れば、昭和期の大日本帝国ほどひどくはありませんでした。

その理由の一つは、明治期や大正期を生きた日本の大人たちは、いわゆる「明治維新」で江戸幕府から大日本帝国への体制変換がなされる前の、天皇がそれほど神格化されていなかった時代を知っていたからでした。

天皇が「全国民の頂点に君臨する現人神《あらひとがみ》＝人間の形をとって天から降臨した神様（ないしその子孫）」という教育が始まったのは、明治期の大日本帝国であり、それ以前にはほとんどの日本国民にとって、天皇は特に意識する対象ではありませんでした。今のような情報伝達のメディアが当時の大衆レベルで存在しなかった事実を考えれば、幕府や朝廷から遠い場所に住む農民や漁師、衣服や道具を作る職人は、天皇という存在すら知らずに一生を終える場合も珍しくなかったと思われます。

江戸幕府を倒して大日本帝国政府を作ったのは、当時の薩摩藩（現在の鹿児島）や長州藩（現山口）、土佐藩（現高知）などの有力者でしたが、彼らは自分たちが日本全国を政治的に支配する「大義名分」を持たないことを自覚していました。そのため、政権を維持するためには、全ての国民が「自分たちが従うべき偉い存在」だと信じられる絶対的権威が必要だと考え、江戸時代以前から日本の権力中枢と関わってきた天皇や皇族を、より明確な形で政治体制に組み込む手法をとりました。

こうして出来たのが、有名な「教育勅語」（一八九〇年＝明治二三年発布）に象徴される、天皇崇敬の教育方針、いわゆる「皇民化教育」でした。

明治期や大正期の大人たちは、このような皇民化教育とは違う価値観を身につけて大人になったので、この時代にはまだ、天皇が「自分の命を犠牲にしてまで守らないといけない偉い存在」という価値観に基づく同調圧力は、さほど強くはなかったようです。

実際、大日本帝国が明治期に行った日清戦争（一八九四～九五年）や日露戦争（一九〇四～〇五年）、大正期に行った第一次世界大戦（一九一四～一八年）やシベリア出兵（一九一八～二二年）では、一人一人の軍人の命が「天皇のため」という名目で粗末に扱われることもなく、搭乗員の自殺を伴う敵軍艦への体当たり攻撃（いわゆる特攻）のようなことが組織的に行われることもありませんでした。

しかし、明治期や大正期にまだ幼い子どもだった世代にとって、学校で教えられる「皇民化教育」が世界のすべてでした。そんな教育を受けた世代が大人になったのが、昭和期の大日本帝国であり、明治期や大正期の大人が話半分で聞いていたような「天皇がどれほど偉くて素晴らしい存在であるか」という「神格化の物語」を、彼ら彼女らは真剣に受け止め、自らの思考や行動に反映させました。

そして、彼ら彼女らの多くは、自分たちが内面化した権威主義的な世界観をさらに強化した形で次の世代の子どもへと教育することを、自分に課せられた務めだと理解していました。

こうした世代間の意識の違いに目を向ければ、なぜ昭和期の大日本帝国であれほど「天皇陛下万歳」型の同調圧力が猛威を振るったのか、その背景を理解できると思います。

戦時中に、日本の子どもはどんな役目を割り振られていたのか

一九三八年（昭和一三年）に尋常小学校（当時の初等教育機関で、入学時年齢は六歳、卒業

時一二歳で現在の小学校に相当）へと入学した山中恒《ひさし》は、一九七四年に上梓《じょうし》した手記『ボクラ少国民』（辺境社）で、次のように自らの子ども時代を振り返っています。

考えてみると、ぼくらの子ども期の初等教育はぼくらをして、「天皇の醜の御楯となりて」死ぬこと、女子に対しては「銃後の妻となり靖国の母となる」ことが最高の栄誉であり、それこそが「悠久の大義に生きる臣民の道」であり、その道を歩むためにこそ、「敷島の大和国日本」に生まれて来たのである、と徹底的に観念させるためのものにほかならなかった。〔略〕

その学習、生活の全てが「天皇陛下の御為」の「臣民の道」へと通じる行として躾られた。そのために、理屈抜きのさまざまな威嚇や、神がかりな呪術が、もっともらしく「教育」の名に於てなされたのである。（p.11）

その後、彼は「大日本青少年団」という団体に参加して、大日本帝国の国策に奉仕する「少国民」の一人となります。少国民とは、当時の社会で「愛国意識の高い子ども」を指す言葉で、小学生はみな、小さいながらもお国に献身奉仕できる「立派な少国民」となるよう奨励されていました。

大日本青少年団とは、それまでに存在していた青少年団を統合して一九四一年一月十六日に結成された、国策奉仕を主目的とする国家的な青少年組織でした。全国の小学校（一九四一年四月一日の国民学校令により、尋常小学校は国民学校初等科に改組）とも密接に連携する形で活動し、創設時の人員数は約四四八万八〇〇〇人で、約一年半後の一九四二年六月には約一四二一万六〇〇〇人に増加していました。

こうした「少国民」は、今の価値観で見ると「大人の都合で国策に利用された、かわいそうな子どもたち」だと単純化して理解しそうになりますが、山中は現実にはそうした面だけではなかったという意外な事実を、以下のように書き記しています。

ぼくらは天皇制ファシズムの教育の下で、一方的に虐待されたただの、被害者であったなどという気持ちは毛頭ない。当時の教育を徹底的に学習していくことで、完璧な皇国民＝天皇制ファシストになることに、喜びと誇りさえ持っていたのである。それだけではない。その時点で受けた教育の一定成果として、ぼくらは子どもであることの稚拙さ、おとなはそれを子どもらしい「幼さ」というが、それやおとなたちが善意に「純真さ」と解釈する単純さなど、おとなにとってのそれらの泣き所を武器として、世俗的怯懦〔怯懦《きょうだ》とは臆病のこと〕と保身意識を潜在させているおとなの指導者たちを、逆に厳しく体制的な軌範へ追いやる後方督戦隊の役割りを果たしつつあったのである。

(p.266)

世俗的怯懦と保身意識を潜在させているおとなの指導者たちを、逆に厳しく体制的な軌範へ追いやる後方督戦隊の役割。それは一体、どのような意味でしょうか?

子どもが大人たちを監視し萎縮させた「下からの同調圧力」

昭和の大日本帝国の尋常小学校が、子どもたちの頭に刷り込んだのは、自分の存在価値は「天皇とそれに従う国家のためにどれほど尽くせるか」で決まるのだという、滅私奉公の政治思想でした。しかし、それは単に「大人が子どもに特定の価値観を植え付けた」という関係に留まりませんでした。

大人が「純真」だと思う子どもは、そうした教えに何の疑問も抱かないばかりでなく、その「方向性」で自分の世界観を構築していきます。その構築の作業は、大人が教えた範囲を超えて自己増殖し、白か黒か、純白でないならグレーでも黒と見なす、という極端に不寛容な判別基準で物事を見ていくようになります。

そうなると、天皇や国家への滅私奉公を子どもに教えた教師やそれ以外の大人たちが、プライベートな場所で気を緩めて、教育上の「建前」とは違う態度を取った時、それを目撃した「少国民」たちは、大人の「不心得」を許さず、容赦なく糾弾する側に回ります。

自分のうかつな言動を「少国民」に見つかったら、より高い地位にある者に密告されるかもしれない。そんな恐怖が、やがて大人たちの心を締め付けていくようになります。

山中が書いている「後方督戦隊」とは、軍隊の内部において、軍紀の引き締めを担当する部隊のことで、最前線で銃を取って敵と戦うのではなく、自軍部隊の後方に展開し、敵の射撃に怖じ気《おけ》づいて逃げ出すような「不心得者」の自軍兵士に銃弾を浴びせて押し止めたり、そうした督戦隊が後方にいることを自軍部隊に意識させて戦意を高揚させることを任務としていました。

熱烈な愛国思想を胸に抱く小学生の「少国民」が、昭和の大日本帝国では「世俗的怯懦と保身意識を潜在させているおとなの指導者たちを、逆に厳しく体制的な軌範へ追いやる後方督戦隊の役割」を果たしていたというのは、今の日本社会からは想像もできない、恐ろしい光景だと思います。

そんな「少国民」の子どもは、同じように「熱烈な愛国思想を胸に抱く大人たち」と共に、社会の中で同調圧力を周囲の人々に加える存在となっていました。

一九四一年四月十七日に発せられた「組織運営大綱」によれば、大日本青少年団の主な活動目的の一つとして「国家目的への即応」が挙げられ、「少年の行動をして国家目的の遂行達成に帰一せしめんことを要す」と記されていました。

純粋で真面目で、自分の母国が「外敵に脅かされている非常時」だという認識を心に植え付けられた子どもたちは、真面目さゆえにその前提を疑わず、共同体の最高指導者である政府の教えに従い、周囲の人々が「国家目的に沿う路線」から逸脱しないよう監視したり、「厳しく体制的な軌範へ追いやる」行動に従事しました。

もちろん、すべての子どもがこのような極端な精神状態に「洗脳」されていたわけではなく、一人一人が「自分が正しいと思うレベルで」国策に奉仕していたようです。

けれども、当時の「少国民」が社会の中で果たした役目を知ると、同調圧力による国民の思想や行動の抑圧は、政府や指導部などの「上から」なされるのみならず、まだあどけなさが残る愛国意識の高い子どもによって「下から」なされる場合もあったという、異様な現実を認識させられます。

共同体のための自己犠牲が、際限なく美化・礼賛された時代

息子が戦死した時に「よく死んでくれました」と言わされた母親

先の戦争中、つまり昭和の大日本帝国時代に見られた同調圧力の中でも、とりわけおそろしい事例は、兵士が戦死した事実を家族が知っても人前で悲しむことを許さず、むしろ笑ったり喜んだりすることを周囲の人間が強いる光景でした。

ある程度年齢を重ねた人なら、祖父や祖母から直接あるいは間接的に、こうした話を聞いたことがあるでしょうが、若い人は、自分の暮らす国でそんな同調圧力があったのだと教えられても、にわかには信じられないかもしれません。

だってそうでしょう。いくら戦争といっても、自分の家族が兵士として出征した時、誰もが「死なないでくれ、無事に帰ってきてくれ」と思うはずです。

いまを生きる我々の価値観では、それが当たり前ですし、自然な感情です。けれども、これは紛れもない事実です。

一九三七年七月に日中戦争が始まってから一九四五年八月に日本政府が降伏すると宣言するまでの八年間、戦争で家族が死んでも人前で悲しんだり泣いたりしてはいけない、という同調圧力が、日本の社会を支配し、戦死者は美化され、称賛されるのが普通でした。

こうした風潮は、日中戦争が始まった翌月の一九三七年八月には、早くも始まっていました。戦争で軍人が死んでも悲しむな、喜べ、という同調圧力を国民の間に広める上で、大きな役割を果たしたのが、当時の主要メディアであった新聞でした。

大阪朝日新聞の一九三七年八月二日付朝刊十一面に、「誉れの戦死者の家庭」「健気に語る老ゆる母」「〝よく死んだ〟戦死を褒める両親」という見出しで、戦死した日本軍人や現地政府の日本人顧問を遺族が讃える記事が掲載されました。

この記事の内容は、七月二十九日に戦死した何人かの日本兵について、それぞれの遺族のコメントを紹介するものですが、例えば熊本県阿蘇郡に住むある戦死者の両親について、同紙はこう書いていました。

「戦死の報に生家を訪へば厳父善太郎氏（六十九歳）母つもりさん（六十五歳）はこもごも語る『よく死んでくれました、家門の名誉これに過ぎるものはありません、倅もゆく前から万一のことがあっても決して嘆いてくれるなといっていました』」

当時の大日本帝国では、戦争で「天皇陛下のため」に勇敢に戦って死ぬことこそ軍人にとって最大の名誉だと見なす風潮あるいは価値観が広まっていました。軍人の死は「天皇への御奉公」と見なされ、光栄な最期を遂げたのだから、遺族はそれを悲しんだり嘆いたりしてはならない、という見えない圧力が存在していました。

けれども、自分が大事に育てた愛する息子が戦争で死んだと知らされた時に、本心から「よく死んでくれました」なんて言う親がいるでしょうか？

取材を受けた父親や母親が、新聞記者に対してこんな風に言わなければ、戦死した息子の「名誉」が傷ついたり、残された自分たち夫婦が周囲から「お前は非国民か」と罵《ののし》られるかもしれない、と心配して仕方なくそう言ったのであれば、それは同調圧力に他なりません。

そして、我々が認識しておかないといけないのは、新聞がこんな風に、軍人の戦死を遺族が喜んでいるという「美談」として記事にすることで、それが社会のスタンダードあるいは規範となり、残された軍人やその家族も同じような態度を強いられるという、人の命を軽んじる方向へと人々を追いやっていく同調圧力の増幅効果です。

息子の戦死を喜ぶ母が「千人針を送った」という矛盾

三日後の一九三七年八月五日付大阪朝日新聞朝刊も、十三面で「戦死の報にも毅然天晴れ！殉国の覚悟」という見出しと共に、戦死した日本軍人の遺族の談話を数多く載せていました。

ここで紹介されているコメントも、親族の戦死を肯定するものばかりでした。以下は、記事に掲載された遺族の談話のごく一部です（読みやすいように句読点を追加しました）。

辻田彌一一等兵の伯父「よくやってくれました。手紙がくるたびに、どうか潔よくお国のために働いてくれればよいがと念じていましたが、これで私たちも大いに肩身が広いというものです」

矢野守上等兵の母「現地からよこした便りに、名誉ある死場所を得た、肉弾三勇士〔引用者注：一九三二年の第一次上海事変で爆薬を携えて敵陣に突入、爆死した三人の日本兵〕以上の花々しい働きをして、あっぱれ功名をたてたいといって来ましたが、その夜、下駄の鼻緒の切れた夢を見ましたが、その時こそ倅が御国のために花と散ってくれた時だったのでしょう。これで亡くなった父にも申訳がたつと思ってよろこんでいます」

田隈竹志一等兵の父「私の一家からはじめて軍人を出すことができたので、親戚一同も大喜びをしていた上に、こんど名誉の戦死を遂げて立派にお国の役に立ってくれましたので、一門の名誉これに過ぎるものはありません」

本田治一一等兵の伯父「あれは四つの年に父に、十二の年に母に死別れた、可哀そうな子です。名誉の戦死とは、不幸な子にとって、誠に花々しい死に方と思います」

八尾辰生一等兵の母「母一人子一人で寂しく暮していましたが〔略〕亡父も一人息子が御国のお役に立ったことを草葉の蔭から喜んでくれているでしょう」

井上茂一等兵の実家「日本男子らしく勇敢に国のために命をすててくれたことを、

家族みな喜んでいます」

川端勇一等兵の兄「お役に立ってくれて、一門の名誉だと喜んでいます。白木の箱に入って凱旋せよと激励してやりましたが、それを実現してくれたわけで」

富田専造一等兵の母「四日朝、戦死の電報を受取りました。主人を早く亡くして娘二人はありますが、専造は私にとってただ一人の息子ですが、立派にお国に御奉公したのですから満足しています」

川口彌一郎一等兵の父母「お国のため立派に死んでくれたことを嬉しいと思います。二十八日元気で活動しているから安心して下さいとの便りが来ましたが、これが最後の手紙となりました。千人針を送っておきましたが、着かなかったかも知れません」

千人針とは、千人の女性に一針ずつ赤い糸で白い布に結び目を縫ってもらい、それを敵弾除けと武運長久のお守りとして戦場の兵士に送る、民間信仰の一種です。

息子を戦地に送り出した母親が、真夏に炎天下の路上に立って、道行く人に千人針への協力を募る。母親がどんな思いで千人針を仕上げて戦場の息子に送ったのかを想像してみれば、息子の戦死を「うれしい」というコメントが本心かどうか、すぐにわかるはずです。

家族の戦死を遺族に喜ばせる同調圧力を増幅させた新聞の責任

八月五日付大阪朝日新聞朝刊十三面の、戦死した軍人の遺族の談話を紹介する記事の冒頭には、次のようなリード文が記されていました。

「よくやった！よくやってくれた！勇士の家庭にきかれる第一声はこれだ。そして異口同音に『立派にはたらいてくれるようにと、ただそればかりが心配だったが、これでやっと安心しました……』と可愛い一人息子や肉親を失って涙一滴ながさず、却って胸なでおろすのである。この勇士にしてこの遺族あり、郷土の名誉を担うて北支〔中国北部〕の野に露と消えた浪花健児の英霊よ、やすらかに眠れ！」

見てわかるように、これを書いた朝日新聞の記者は、息子や夫が戦死しても涙を流さず「よくやった」と喜ぶ家族の態度が「普通」であるかのように印象づけ、この後に戦死する日本軍人の家族も同じようにしなくてはならないような同調圧力を創り出しています。

実際、この記事を含め、当時の新聞が紹介した遺族の談話は、すべてこのようなトーンで貫かれていました。今の時代の価値観に照らせば、軍人が死ぬことを「よい出来事」と見なすコメントの数々は異様だと感じると思いますが、当時の大日本帝国では、これが標準的な「遺族の態度」とされ、息子を失った母や夫を失った妻が内心で悲しみや嘆きの感情を抱いたとしても、それを表に出すことは御法度《ごはっと》でした。

現在の日本国とは異なり、大日本帝国の日本社会においては、軍人だけでなく一般市民も、天皇や国家のために命を捧げるのが当然だという価値観や世界観、死生観を、教育によって植え付けられていました。そして日中戦争やアジア太平洋戦争は、天皇と国家のための戦争と位置づけられ、軍人も市民も常に、天皇と国家を献身奉仕の対象として意識しなくてはならないという同調圧力に晒されていました。

そんな状況を考えれば、軍人の死を知らされても、遺族が悲しみを表に出すことができなかった理由も想像できます。もしも涙を流して息子や夫の戦死を悲しめば、その家族は、戦死した家族を天皇と国家よりも大事だと考えていることになるからです。

戦場での日本軍人の戦死を礼賛することは、大日本帝国という国家が遂行している戦争の「大義」を全面的に肯定することを意味します。逆に言えば、日本軍人の戦死を悲しんだり嘆いたりする行動は、戦争の大義に疑問を抱いたり、否定することに繋がります。

今の日本では、同調圧力の問題について「少し我慢して従えばいいことだろう」と軽く考える人が多いかもしれません。みんなと同じような発言と行動をするだけでいいなら、変に逆らって「悪目立ちする」よりは、同調した方がラクじゃないか、と。

しかし、現実はそんなに甘いものではない、ということを、この歴史的な前例は我々に教えてくれているように思います。社会の中で、同調圧力による思考と行動の支配が際限なく増大していけば、やがては「家族の死を喜ぶことを強いられる」という、地獄のような社会へと再び変質していく可能性も、ないとは言えないのです。

「所属する共同体への献身奉仕」でしか認められない人間の存在価値

一人一人の幸福な生き方より優先される「国や共同体への献身奉仕」

日中戦争が一九三七年に始まると、日本国民の生活レベルは急速に下がり始めました。いろいろな物資が軍隊へ優先的にまわされた結果、物の値段が急騰し、今までは簡単に手に入った衣類や食べ物が、品薄で入手困難になったりもしました。

作家で社会活動家（女性の権利向上を目指す運動の論客）でもあった山川菊栄は、月刊誌「改造」の一九三七年十二月号に「消費統制と婦人」という原稿を寄せていましたが、そこには当時の主婦が直面したさまざまな苦労が記されていました。

「昭和六年〔一九三一年〕頃、一枚五十銭で買った綿メリヤスのシャツが、昨年

あたりは七十銭、この秋は一円になってしまった。」（p.286）

「困るのは肉類や缶詰の騰貴である。鮭缶などは最も大衆向きの必需品であり、本来国産品であるにもかかわらず、最近急に高くなった。或新聞は『缶詰の缶は貴重な軍需品であるから今後なるべく缶詰を使用せず、壜詰を使うように』と警告した」（p.287）

「最近肉類は日ましに高くなり、豚は昨年より五割高、スープを取る鶏の骨は、一羽分卸値段は二銭だが、小売は十銭、それすら洋食店などで買占めるからたやすく手に入らず、牛肉はコマ切れですら百目四十銭〔引用者注：目は匁、百目は三七五グラム〕。」（p.288）

「冬と共に燃料の暴騰を見るのも、主婦には頭痛の種である。三度の風呂は一度にして済ませるとしても、火なしで煮焚きはできない。〔略〕

薬品その他衛生材料の騰貴は、子供の怪我や病人の手当に影響して来るし、建築材料の騰貴はやがて住宅難と家賃の騰貴という結果をもたらすであろう。」（p.292）

けれども、それから三か月後に出版された婦人雑誌「主婦之友」の一九三八年三月号の巻頭言で、編集部の記者は「家庭生活から見たわれらの愛国運動」と題して、次のような「心構え」を読者の日本人女性に訴えていました。

「昨年の家計簿と比べて見るまでもなく、毎月の支出がだんだん多くなってゆくことは、どこの家庭も同じことであります。税金の高くなったのを筆頭に、着る物も食べ物も、値段はどんどん上がりました。〔略〕

戦争の結果は、どうしても税金の増加となり、物価の値上がりとなってゆきます。日本は戦争に勝っているのでこのくらいですまされているのです。負けた支那では、我が国のようななまやさしいことではない。それを思うと、苦しいとか不自由とかいう中にも、『有りがたい』と思わねばならぬ筈です。それを忘れては、命がけで働く戦線の同胞勇士の方々に申し訳が立ちませぬ。〔略〕

そして、もっともっと不自由な場合にも、皇国のために喜んで耐えてゆくだけの心意気と、方法とを用意しておかねばなりませぬ。一人の人を愛するにも、どれほど大きい犠牲が要るか、われわれはそれを知っておる筈だ。祖国を愛するとき、その犠牲の小さいわけがない。それもわれわれが充分に知っておる筈だ。自分の幸福を犠牲にしても祖国を愛する国民が、一人でも多いとき、その国は難関をも切り抜け、いよいよ栄えてゆくのです。皇国日本は、今や私たちにそれを求めています。」(p.69)

戦時中の「婦人雑誌」に割り振られた役割と同調圧力

引用した「主婦之友」の文章を一読すればわかる通り、同誌の編集部は、「物不足と物価高騰に不満を述べるのはよくないことで、むしろ『ありがたい』と思いなさい。そして今後さらに不自由になっても、お国のために喜んで我慢しなさい。それが正しい道です」という趣旨の内容を、読者の女性たちに広めようとしています。

しかも、そこで語られる説得の手法は、「一人の人を愛するように祖国を愛せ」という非常に情緒的なアプローチでした。

読者の婦人の中には、家族や親戚、友人の男性を戦場に送り出した人も少なくなかったと思われますが、夫や息子が出征した女性であればなおのこと、「命がけで働く戦線の同胞勇士の方々に申し訳が立ちませぬ」とか「一人の人を愛するにも、どれほど大きい犠牲が要るか、われわれはそれを知っておる筈だ」などの言葉を使われたら、身体感覚として「何か変だ」と感じても、このような同調圧力に抗うことは不可能だったでしょう。

高崎隆治『雑誌メディアの戦争責任―「文芸春秋」と「現代」を中心に』（第三文明社、一九九五年）によれば、日中戦争が始まった時、婦人雑誌は一〇冊近く存在していましたが、その中で大きな力を持っていたのは「主婦之友」と「婦人倶楽部」の二誌でした。「婦人倶楽部」は、比較的若年層の二十代後半から三十代前半の女性が主な読者層で、「主婦之友」は三十代後半から四十代の女性に多く読まれていたそうです。

高崎隆治は同書の中で、昭和の大日本帝国時代が戦時体制に突入したあと、婦人雑誌が果たした社会的な役割について、こう書いています。

婦人雑誌の戦争参加は、困難な窮乏生活に読者（国民）をどこまで耐えさせうるかという国家的課題を担った生活戦線の構築にその目的があったのである。

（p.195）

実際、「主婦之友」は、一九三七年十一月号の、「国民精神の総動員と家庭」と題した巻頭言で、次のような言葉を用いて、戦争遂行への同調を呼びかけました。

日支事変この方、誰の心にも、しっかりとした覚悟が、いつの間にかできている筈です。『敵は支那だけだと思ったら当てちがいだぞ』『日清戦争や日露戦争のつもりでいては不覚をとるぞ』と、考えていない人はないだろう。そこにもって来て、政府では国民精神総動員をして、全国民の覚悟の紐の引き締めにかかりました。

全く、今こそ一人残らずお腹に力を入れ直すべき時であります。

（p.63）

政府刊行物でもない民間の婦人雑誌が、勝手に「誰の心にも、しっかりとした覚悟ができている筈です」とか「今こそ一人残らずお腹に力を入れ直すべき時であります」などと、戦争への全面協力の心構えを説いているのも異様ですが、こうした扇動の文句が当たり前に社会で使われていた事実は、人々の思考と言動を国策への奉仕に誘導した、同調圧力の強さを示しているとも言えるでしょう。

果たして当時の女性が、自分の心に生じた疑問を正直に口にできたでしょうか？

同調圧力の存在すら自覚できず「内面化」される恐ろしさ

戦争中に市井《しせい》の婦人が書き記した日記を調査した島利栄子は、二〇〇四年にある女性の日記に記された内容を基に『戦時下の母――「大島静日記」10年を読む』（展望社）という本を上梓しました。島は同書の中で、自分の経験に基づいてこう記しました。

以前からたくさんの戦時下の女性の日記を読んできて、気付いたことがある。

一つは戦時下の日記は、どれも皆よく似た文章を書いていること。〔略〕

そして終戦。その日の日記はまさしく紋切り型である。「ああ、日本歴史最大の汚点」「陛下に申し訳ない」「この屈辱」と悲憤の大合唱となる。本心はいずこに？…と探しても、どこにも見つからない。これは男性も女性もいっしょで、私のような戦後育ちには不気味の一言である。考えてみれば女性は強力な戦争推進者として、大きな役割を課せられていた。(p.199)

戦後の我々は、先の戦争がいかに悲惨なものであったかという知識を踏まえ、当時を生きた人たちはさぞ、自分の「内心の不満や怒り」を表明できずに苦労したのだろう、と想像しがちです。しかし、当時の「内心」を書き記したはずの日記に、戦争や苛酷な生活環境への「不満や怒り」はあまり見られないと、島は指摘しています。

思考が「個人」として自立していれば、それを圧迫する同調圧力の存在を自覚できますが、思考を国策と一体化してしまえば、周囲の環境と自分の間で何の摩擦も圧迫も生じなくなるので、そこに同調圧力が存在することすら知覚できなくなります。

そして島は、その理由について、次のように分析しています。

いままで私は戦時下の女性日記をたくさん読んできた。確かに、戦時下では「まじめな女性ほど戦争への高揚率は高い」ということを感じている。日記を書く女性は、教育程度も高く普通より意識も高い人が多い。几帳面に綴られた日記の中ほど、戦争に積極的に参加する意志がうかがえるのである。〔略〕

女性は、戦争の被害者であるが、加害者にもなる。しかもまじめな女性ほど先頭に立ってしまう。何と恐ろしいことであろう。現在も、これからも、女性は戦争の被害者としてではなく、加害者としての意識も持たねばならないと思う。

（pp.200-201）

ここで指摘されている「まじめな女性ほど戦争への高揚率は高い」や「まじめな女性ほど（戦争扇動の）先頭に立ってしまう」という現象は、「まじめさとは何か」という重い問題を我々に突きつけていると言えます。

まじめな女性を当時の国策へと駆り立てる上で、国策に従わない者を「非国民＝日本人ではない者」と罵倒し社会から孤立させ、お前も国策に従わなければこうなるぞと脅す社会の風潮＝同調圧力が、大きな後押しになったことは容易に想像できます。

そして、まじめな人は、率先して自分の思考と行動を国策に一体化させ、その自覚がないまま、周囲の人たちに国策への同調圧力を「かける側」になっていたかもしれません。島が書いている「女性は戦争の被害者であるが、加害者にもなる」という言葉の意味は、前線で敵兵を殺すことではなく、国内で周囲の人々を戦争へと駆り立てた行為のことでしょう。

これも、戦時における同調圧力の恐ろしい効果だと言えるのではないでしょうか。

第三章

安心感を得るために自分を「集団や組織」に埋没させる罠

この章では、人はなぜ自分から「集団や組織に同調する」行動をとるのかを心理面から考察し、同調圧力の「被害者」が容易に「加害者」へと転じる危うさにも目を向け、同調圧力が社会からなくならない理由について、いろいろな面から考察します。

多くの日本人は「みんなに同調する」ことが大好き？

日本人には「みんなも飛び込んでいますよ」と言うのが有効？

あなたは「沈没船ジョーク」というのを聞いたことがありますか？

日本とその他の国々について、国民性やその国独特の思考形態をネタにした笑い話ですが、本書で扱う同調圧力の問題とも繋がる話なので、内容をご紹介します。

まず、舞台設定は「洋上で沈みかけている客船（タイタニック号）」。もはや船の沈没は避けられそうにない。ところが、救命ボートの数には限りがあり、女性と子どもを優先するために、何人かの成人男性の乗客を海に飛び込ませる必要がある。そこで船長は、いろんな国から来た男性の乗客を、海に飛び込ませようとします。

それぞれの国民性を踏まえた「言葉」で説得しながら。

まず、アメリカ人の男性乗客への言葉。

「あなたが飛び込めば、皆に称賛されるヒーローになれますよ！」

スーパーマンなど、人を助けるコミックヒーローやハリウッド映画のヒーローに親しんでいるアメリカ人には、そんなアピールが有効だという判断のようです。

次に、イギリス人の男性乗客への言葉。

「ここで飛び込むのは、紳士として当然のマナーですよね」

英国はジェントルマンの国だということで、こんな台詞が出てきたのでしょう。

ドイツ人の男性乗客への言葉。

「あなたが飛び込んでください。そういう規則ですから」

これは、何事も規則に従ってきっちり行うのがドイツ人、というパブリックイメージを反映させた台詞《せりふ》です。

フランス人の男性乗客への言葉。

「あなたは飛び込んではいけません（または、飛び込まなくていいです）」

個人主義のフランスでは、天《あま》の邪鬼《じゃく》な人が多いというイメージでしょうか？

イタリア人の男性乗客への言葉。

「あなたが飛び込めば、あそこにいる美しい髪の女性にもてますよ」

女性に好かれることを喜びとするラテン系男性の気質を刺激する言葉です。

そして日本人の男性乗客に対しては、何と言ったか。

「ほら、他のみんなも飛び込んでますよ？」

たぶん日本人読者の多くは、この「オチ」を聞いて苦笑いされるでしょうが、諸外国でも「シンキング・シップ・ジョーク」として笑いのネタにされています。

国民性を誇張したジョークは、ある種の偏見にも繋がるステレオタイプな見方でもあり、無邪気に笑ってばかりもいられないものですが、この日本人を飛び込ませる「殺し文句」は、言い方はソフトであっても、実態はまぎれもない同調圧力です。

船長から「他のみんなも飛び込んでますよ？」と言われれば、冗談ではなく、実際に飛び込んでしまう日本人は、結構いるのではないでしょうか。そうすることで、集団や共同体から「自分だけ浮いてしまう」ことを避けられる、と思うからです。

他のみんなもそうしているから、自分もそうする。

そんなの当たり前だろう。それの何が悪いのか？

そう問い返されて、あなたは反論できますか？

同調圧力に従うのは、いろんな面で「ラク」である

一般に「同調圧力」は、「本当は従いたくないのに仕方なく従っている」という図式で語られることが多いようです。確かに、そういう場合は多いでしょう。

ただ、日本社会で同調圧力の問題がこれほど根深い理由を考えれば、それだけが理由とも言えないようにも思います。

本当は従いたくないのに仕方なく従う、という行動を子どもの頃から繰り返すうちに、いつしか、そうするのが「楽だ」と思ってしまう心理に囚われていませんか？

同調圧力に従うのは、ストレスを感じることが多い反面、いろんな面で「ラク」でもあります。行動を起こす際に、意味や理由を考えなくて済むからです。

自分一人で何かの行動を起こそうとする時、いろんなことを考える必要があります。その行動は自分にとって「正しい」ことか。その行動によるメリットとデメリットのどちらが大きいか。その行動で、誰かを傷つけたりする可能性はないか。その行動が成功する確率は何パーセントくらいか。もしその行動が失敗すれば、自分はどんな代償を払うことになるか。自分はその行動に責任をとれるのか――。

けれども、同調圧力に従ってみんなと同じ行動をとるなら、こうしたことを考える必要がなくなります。

「みんなもそうしているから」。これだけで話が終わります。

こんな風に言葉で書くと、なんだか怠惰で無責任な印象になりますが、日々のストレスに直面して心が疲れてしまっている時、精神的な負担から逃げたくなる気持ちもわかります。特に、会社や学校など、組織内での人間関係を維持するのは、まじめで繊細な人ほど周囲に気を遣いすぎて、神経が磨《す》り減ってしまいます。

子どもの頃から、自分のやることは自分で決めたいという気持ちの強い人は、同調圧力という見えない力で行動が制約されることをストレスだと感じますが、自分で決めたいという気持ちがそれほど強くない人なら、むしろ同調圧力に素直に従う方がストレスを感じなくていい、と思う場合もあるかもしれません。

そして、精神的な疲れがたまっている時や、生活環境の変動が激しくて先行きの展望が見えにくい時には、同調圧力という「大きな流れ」に身を委ねる誘惑も大きくなります。同調圧力なんておかしい、いやだと頭の片隅では思いつつ、それでも従ってしまう理由を考える時、そんな心理的誘惑の側面も無視できないでしょう。

集団に同調することで「同調しない人」を追い詰める側になる

いろんな面で「ラク」だからという理由で同調圧力に従うのは、人間の心の弱さがもたらすもので、それを責めても仕方ない、という考え方もあり得ます。

日々の生活を送る中で、人間関係の摩擦を最小限にする「工夫」として、同調圧力に従うのは、それほど悪いことではないはず。そんな風に考える人もいるでしょう。

図2　同調圧力を「かける側」のメカニズム

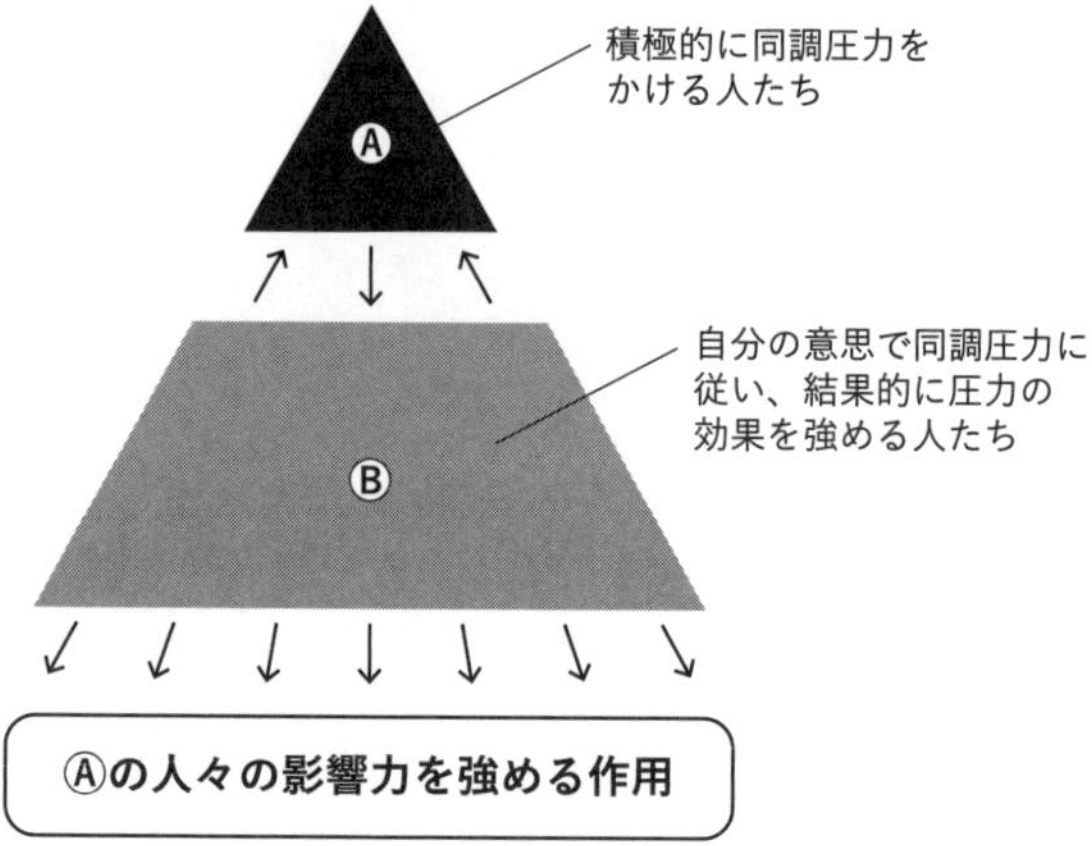

しかし、ここで注意しないといけないのは、同調圧力に従う行動は、結果的にその同調圧力の効果を高めることになるという、現実の複雑な一面です。

同調圧力を「かける側」には、積極的にそれを行う人間と、結果としてそれに加担する人間の二種類がいます。

第一章で紹介した、私に一〇〇円グルメの遊びをやめさせた小学校の同級生は「積極的に同調圧力をかける人間」でしたが、全体の中では、そんな人間は少数派です。

それよりも多いのは、なんとなく同調圧力に従い、同調的な集団を大きくすることで圧力の効果を強める「結果としてそれに加担する人間」たちです。

もちろん、本人にはそんなことをしているつもりはないでしょう。自分はただ、心理的なストレスを軽減するため、集団内で孤立しないため、あるいは人間関係でいらぬ摩擦を生じさせないために「仕方なく」そうしているのだ、と「なんとなく」考えているはずです。

自分が「なんとなく」「仕方なく」同調圧力に従っても、それは自分個人の問題であり、他人に迷惑をかけていないはずだ。本人の内面では、そんな風に決着をつけることが可能です。

けれども、状況を第三者の目線で俯瞰《ふかん》的に観察してみたらどうでしょう。

Aという同調圧力に自分が従えば、その行動によって「Aという同調圧力に従う集団」の人数を、一人増やすことになります。一〇人がそれをすれば、集団の人数は一〇人増えます。五〇人が加われば、集団の人数は五〇人増加します。

そこに、Aという同調圧力に従わないBさんがいたとします。従わないBさんに対し、「積極的に同調圧力をかける人間」のCさんが「おいBよ、みんながAの行動をとっているのだから、お前も同じようにしろ」と同調圧力をかけます。
この時、Aの行動をとっている人間が一人か二人なら、同調圧力の効果はほとんど期待できないでしょう。同調圧力に従う側が少数派なら、それは心理的圧力として成立しないからです。Bさんは Cさんに何か言われても、無視すれば済む話です。

でも、Aという同調圧力に従う人間が圧倒的な多数派だったらどうでしょう？

五〇人のクラスで、Aという同調圧力に従う人間が四八人だったら、Cさんの「おいBよ、みんながAの行動をとっているのだから、お前も同じようにしろ」という言葉が持つ心理的な威圧の効果は、絶大なものになるはずです。

つまり、本人には「悪気」がなくても、なんとなく同調圧力に従う人は、結果として、その行動によって「積極的に同調圧力をかける人間」の力を強めています。「積極的に同調圧力をかける人間」の影響力は、「その同調圧力に従う人間の数」によって大きく変動するからです。

みんなで同じ行動をとることが悪いわけではありませんが、多数派がそれをしているからという理由で、それを望まない少数派にも同調を強要するような「空気」が存在する場面では、安易な同調は「同調しない人」への圧力になり得ます。

ゴディバの広告が一石を投じた「義理チョコ制度」という同調圧力

外国の人たちには理解不能な「義理チョコ制度」

日本人に多く見られる「みんながしているから、自分もそうする」という行動様式については、意外な形で外国人からの指摘を受けることもあります。

二〇一八年二月一日付日本経済新聞朝刊に、ベルギーの高級チョコレートブランド「ゴディバ」の広告が掲載されましたが、そのメインコピーは次のようなものでした。

「日本は、義理チョコをやめよう。」

そして広告の本文には、こんな文章が記されていました。

バレンタインデーは嫌いだ、という女性がいます。

その日が休日だと、内心ホッとするという女性がいます。

なぜなら、義理チョコを誰にあげるかを考えたり、準備をしたりするのがあまりにもタイヘンだから、というのです。気を使う。お金も使う。でも自分からはやめづらい。〔略〕

もちろん本命はあってていいけど、義理チョコはなくてもいい。

いや、この時代、ないほうがいい。そう思うに至ったのです。

そもそもバレンタインは、純粋に気持ちを伝える日。

社内の人間関係を調整する日ではない。だから男性のみなさんから、とりわけそれぞれの会社のトップから、彼女たちにまずひと言、言ってあげてください。「義理チョコ、ムリしないで」と。〔略〕

文の終わりには、ゴディバジャパンのジェローム・シュシャン社長の名前が記されていましたが、実際にこの広告を企画・制作したのは、クリエイティブディレクターの原野守弘（株式会社「もり」社長）でした。二〇一八年三月十四日、ネット媒体「ハフポスト」はこのゴディバの広告に関する原野のインタビューを掲載しました。

そこで原野は、制作意図について、こう説明しました。

バレンタインの意義の問い直しは、日本の会社の中にある様々な抑圧への問題提起でもありました。「みんながあげているから、私もあげないと……」という同調圧力もそう。

だからこの広告は、チョコレートを贈る女性ではなく、チョコレートを贈られる男性に呼びかける形にしたんです。

残念ながら今の日本企業だと、男性の方が権力や実行力を持っていることが多いじゃないですか。

同調圧力みたいな会社にはびこる色んな不合理さを解決するために、アクションを起こすべきなのは男性ではないか。そう思っていました。

バレンタインにチョコを贈るのは「義務」なのか？

それから二年後の二〇二〇年二月十二日、朝日新聞（ネット版）は「『義理チョコやめよう』賛否呼んだ広告、ゴディバの真意」と題した記事を公開しました。

ゴディバの「日本は、義理チョコをやめよう。」という広告が日本社会に巻き起こしたさまざまな議論について、多面的に振り返るという内容構成でしたが、その記事ではゴディバジャパンのシュシャン社長もインタビューを受けて、広告の意図についてこう話していました。

「元々日本は贈り物で相手に尊敬や感謝の気持ちを表してきた文化があり、『義理』という言葉にも深い意味がある。でも最近の義理チョコは良い意味での日本らしさが消え『must do（やらなくちゃいけない）』『duty（義務）』になっているのではないか」

「ギフトをやめようではなく、ギフト本来の意味を考えてほしくて問題提起したのです」

三世紀のローマに実在した司教、聖バレンタイン（ウァレンティヌス）の命日である二月十四日を「バレンタインの日（バレンタインズ・デー）」と呼んで、恋人や家族が花やカード、菓子などを贈る習慣は、欧米などのキリスト教の国々から始まったものですが、バレンタインデーの贈り物が「女性から男性へ贈るチョコレート」に特化しているのは、日本とその影響を受けた韓国ぐらいだそうです。

この朝日新聞の記事で、テンプル大学ジャパンキャンパスの堀口佐知子上級准教授（文化人類学）は「義理チョコという文化は日本独特のもの」と指摘しています。

同記事によれば、バレンタインデーにチョコレートを贈るという習慣を日本で始めたのは、神戸の洋菓子店「モロゾフ」でした。第二次世界大戦より前の一九三二年に発行した商品カタログで、当時の経営者が外国の習慣（イギリスでは十九世紀にバレンタインデーのプレゼントとしてチョコレートが商品化）を参考にして、「バレンタインの愛の贈物」としてチョコレートを提案していました。

そして、「働く女性が職場の同僚や上司に渡す『義理チョコ』」の風習が日本社会で広がったのは、一九八〇年代頃だと同記事は書いています。

この「義理チョコ」については、読者の方々も実際にいろんな経験をされたかと思いますが、本当はそんなことをしたくないのに、女性社員だからという理由で、社内の同じ部署の男性社員や上司の男性幹部に、バレンタインの日にチョコレートをあげることを強いられてしまう、というのは、典型的とも言える同調圧力です。

中には、それによってコミュニケーションが円滑になるなら別にかまわない、という女性もおられるでしょうが、それはあくまで「厚意」で許すということであり、明文化されていない制度に女性社員が従わされる図式は、客観的に見ても理不尽です。正社員ではない（つまり給料の低い）派遣社員の女性までもが、義理チョコで余計な出費を強いられたりします。

このゴディバの広告に前後して、「うちは義理チョコ制度をやめました」という会社もいくつかメディアに取り上げられていました。暗黙のうちに「女性だから」という理由で負担や我慢を強いられる不条理な状況に光が当たり、もうこんな風習はやめる頃合いではないか、という意見が、女性と男性の両方から出る状況になりつつあるようです。

見えない同調圧力としての「性別による社会的役割の幻」

先に紹介した「ハフポスト」のインタビューで、原野守弘は自身が手がけた別の広告企画についても、意図や問題意識を説明していました。

それは、二〇一六年七月二十一日から八月三日（一部地域では七月二十七日）までテレビで放映されたPOLAという化粧品会社のテレビCMで、「この国は、女性にとって発展途上国だ。」という冒頭のナレーションも含めて大きな反響を呼び起こしました。

映像に映し出されるのは、会社に勤める女性社員たちの姿。コピー機の前に立つ女性。会議が終わった後にテーブルに残った（男性社員たちの）コーヒーの飲みさしを片づける女性。洗面台の前でうつむく女性。オフィスの椅子に座って、大きなお腹を撫でる妊娠中の女性。でも、多くのテレビコマーシャルと違い、登場する女性たちはみんな無表情です。

そんな映像に、次のようなナレーションが重なります。

「この国は、女性にとって発展途上国だ。
限られたチャンス、
立ちはだかるアンフェア。
かつての常識はただのしがらみになっている。
それが私には不自由だ。
迷うな、惑わされるな。
大切なことは、私自身が知っている。
これからだ、私。」

このCMは、POLAの店頭販売員を募集するための広告でしたが、会社の中で女性社員が「女性だから」というだけで特定の役割を押し付けられているのも、性差別であるのと同時に、集団内での同調圧力だと言えます。
原野はこのインタビューで「この企画の出発点には、作り手である僕の個人的なジエンダー意識がありました」と語り、男女格差を示すジェンダーギャップ指数で世界一四四か国中一一四位（当時）という順位を自分たちにとって「恥ずべき状況」と捉え、「今より女性差別が少ない社会を少しでも予感させることができたら」と、制作の意図を説明しました。

このCMには、同じく原野が制作した第二弾があり、第一弾と同様に「女性に与えられた社会的役割」を淡々と行う女性の映像と共に、「この国には、幻の女性が住んでいる」というナレーションで受け手に問題が提起されました。

「誰かの〝そうあるべき〟が重なって、いつのまにか私が私の鎖になりそうになる。

縛るな。縛られるな。」

ここで描かれているのも、女性はこうであるべきという「イメージ（幻）」に合致する行動を会社などで強いられる状況への疑問です。「私が私の鎖になりそうになる」

という表現は、性差別と同調圧力に迎合することで女性が自分をさらに圧迫しているという、理不尽な現実のつらさを表現しているように感じます。

ネット媒体「ビジネス・インサイダー・ジャパン」が二〇一七年八月十一日に公開した「このＣＭは男性にこそ見て欲しい――幻の男女像にとらわれる日本」という記事も、このシリーズの制作総責任者である原野とコピーライターの山根哲也のインタビューを掲載していましたが、コピーを書いた山根はコンセプトについて、こう語りました。

「女性だけではありません。幻の男性もいるし、幻のお父さんも幻のお母さんもいる。同調圧力の強い日本では、社会的な理想像が支配している」

原野も、日本社会に潜む見えない同調圧力として「性別による社会的役割の幻」が存在する事実について、こう指摘しました。

「日本では女性はこう生きた方がいい、男性はこう生きた方がいいというジェンダー的なステレオタイプが強く存在している。そこから解放されていくことが、日本が（第1弾CMのコピーである）『発展途上国』から『先進国』への仲間入りをする道なのではないかと考えました」

「集団や共同体に同調して孤独や孤立を避ける」考え方の落とし穴

ドイツ人女性がナチスの残虐行為に自ら加担した理由

ＰＯＬＡのシリーズＣＭでは、女性の社会的役割が共同体の中であらかじめ決定され、各人がそれに沿った行動をとるよう暗黙のうちに要求されるタイプの同調圧力が描かれていましたが、これは集団や共同体の中で、自分が「役に立つ人間であること」

を行動で証明しなくてはいけない、という服従的な心理の一形態だと言えます。

同じようなタイプの服従的な心理として、「女性である自分も、特定の分野において、男性と同等の働きができることを行動で証明せねば」という形態も存在します。

二〇一三年、アメリカで一冊の歴史書が刊行され、大きな反響を呼びました。著者はアメリカ人の女性歴史家ウェンディ・ロワーで、二〇一六年に日本で出版された邦訳版のタイトルは『ヒトラーの娘たち――ホロコーストに加担したドイツ女性』(武田彩佳監訳、石川ミカ訳、明石書店)でした。

この本は、第二次世界大戦中に起きたナチス・ドイツによるユダヤ人大量虐殺(いわゆるホロコースト)において、さまざまな形でユダヤ人の迫害や虐殺に加担したドイツ人女性に光を当て、一般的にレイプ被害や爆撃の被災などの「戦争の犠牲者」として語られることの多い女性の中にも冷酷な「加害者」が存在した事実と、なぜ当該の女性たちはそのような行動をとったのかという構造について考察する内容でした。

ドイツやウクライナ、アメリカなどに残る厖大《ぼうだい》な記録文書(一次史料)に基づいて記された同書を読むと、ホロコーストに加担したドイツ人女性のタイプは多様で、ユダヤ人を「ゴミ」と呼ぶ粗暴な人間もいれば、国家のために自分にできることをするという使命感を持って任務に従事した人間もいました。
著者のロワーは、そんなドイツ人の女性の一人について、こう書いています。

エルナ・ペトリは、彼女が拳銃を取り出したときにすすり泣いた半裸のユダヤ人少年たちについて、〔戦後の裁判の尋問で〕当人しか知り得ないような描写をしている。尋問官から母親でもある彼女がなぜこれらの子どもたちを殺せたのかと詰問されると、ペトリは政府の反ユダヤ主義と、男性に対して自分が有能だと証明したかったということを理由に挙げた。ペトリの行為は社会に対する反逆ではなかった。私にはペトリがナチ体制の具現化であるように思えた。（pp.16-17）

この最後の一文が示す通り、エルナ・ペトリという女性がナチス親衛隊員の夫と共に、ナチ占領下のポーランドにあった自宅の庭で少年を含む複数のユダヤ人を射殺した行為の動機は、私的な領域に留まるものではなく、当時のドイツ国民が共有した「ユダヤ人は社会にとって害悪であり、それを『駆除』することはドイツ国民の務めだ」というナチスの非人道的な世界観に突き動かされたものでした。

いやいや同調圧力に従ったのではないにせよ、自らの手でユダヤ人を殺すことによって「〔自分は女性だが〕男性と同じくらいに有能だと証明したかった」という彼女の行動は、当時のドイツ社会を支配した心理的圧力に、自らの意思で同調したのだと言えるでしょう。

同調圧力に従うことで得られる「集団内のみんなとの一体感」

エルナ・ペトリは、自分の行為について、裁判で次のように弁明しました。

当時、〔ユダヤ人を〕射殺したとき、私はたったの二三歳で、まだ若くて経験もありませんでした。ユダヤ人を射殺していた親衛隊員たちの間で暮らしていたのです。ほかの女性と会うことはほとんどなかったので、だんだんと性格が強くなり、鈍感になっていきました。親衛隊の男たちの後ろに立つなんて嫌でした。

女でも男のように振る舞えることを見せたかった。だから、ユダヤ人四人とユダヤ人の子ども六人を撃ちました。男たちに、自分が有能なことを証明してやりたかったからです。それに、当時この地域では、子どもも含めユダヤ人が射殺されているという話を、ありとあらゆるところで耳にしていました。それもあって、殺したのです。　　　　（p.196）

この証言の最後で述べられたのは、「みんなもそうしているから自分もそうした」という、集団内で「みんな」が行っている行動への同調という弁明です。そう言えば、自分の責任を軽くできると、彼女は考えたのかもしれません。

集団全体がホロコーストのような残虐行為に手を染めている時、自分が集団内で異端視されたり排除されることを恐れて、自らの意思でそれに加担するという「同調」行為は、女性だけでなく男性の場合にも多く見られた現象でした。

ドイツの第101警察予備大隊（ホロコーストで中心的な役割を担った親衛隊とは別組織で、ナチ占領下のポーランドで四万人近いユダヤ人を殺害）について、膨大な文書記録で詳細に研究した、アメリカ人の歴史家クリストファー・R・ブラウニングの著書『増補 普通の人びと：ホロコーストと第101警察予備大隊』（谷喬夫訳、ちくま学芸文庫）に、以下のような記述があります。

大量虐殺について考察する上で、〔受けた命令の意味を熟考する〕時間の欠如と同じくらい重要なことは、順応への圧力であった。――それは軍服を着た兵士と僚友との根本的な一体感であり、〔命令に従わない意思表示として〕一歩前に出ることによって集団から自分が切り離されたくないという強い衝動である。

(p.126)

この本では「順応への圧力」という言い方がなされていますが、実質は同調圧力と同義だと考えて間違いはないでしょう。倫理的あるいは道徳的に考えて、その命令への服従や行動の是非を考えるのでなく、集団内での自分の「立ち位置」という観点で、いちばん最適な行動をとる。そうすることで、集団の中で自分の立場は保たれる。

ナチスのホロコーストが、あれほど大規模かつ組織的に実行された背景には、同調圧力という我々の身近な問題とも繋がる、心理的な動機も存在していたのです。

杉田水脈議員はなぜ、女性なのに女性を差別するのか

所属する集団内で、自分の地位を向上させたり、周りの「みんな」に自分の有能さを認めてもらうために、内部で共有される価値観や行動原理に沿った行動をとる。

このような「集団内の同調圧力への積極的な対応」の事例をいくつか見てきましたが、それは時として、論理的に説明がつかない「矛盾」や「自己否定」へと実行者を導くことがあります。

例えば、前出のエルナ・ペトリのような女性が「男たちに自分の有能さを証明してやりたい」と考えた時、ナチスの迫害対象が「ユダヤ人」ではなく「女性」であったならどうでしょう。女性であるペトリは、「自分の有能さや存在価値を男たちに認めさせるため」に、男たちによる女性差別や女性迫害に自らの意思で加担することになります。

これは決して、言葉遊びや絵空ごとではありません。

二〇二〇年九月二十五日に自由民主党の党本部で行われた党の内閣第一部会などの合同会議において、同党の杉田水脈《みお》衆議院議員が、女性への暴力や性犯罪に関して「女性はいくらでもうそをつけますから」と発言したとして、大きな批判が湧き起こりました。

同年九月二十五日一三時三四分に公開された共同通信記事（ネット版）によれば、「杉田氏は、会議で来年度予算の概算要求を受け、女性への性暴力に対する相談事業について、民間委託ではなく、警察が積極的に関与するよう主張」し、「〔性犯罪〕被害の虚偽申告があるように受け取れる発言をした」とされています。

杉田水脈議員は、自民党に入党する前には、日本維新の会や次世代の党などに在籍していましたが、次世代の党時代の二〇一四年十月三十一日には、衆議院本会議で「伝統や慣習を破壊するナンセンスな男女平等」や「男女平等は、絶対に実現し得ない、反道徳の妄想」などと発言し、物議を醸しました。

その半月前の十月十五日には、衆議院内閣委員会で「私は、女性差別というのは〔日本に」存在していないと思うんです」と述べ、やはり批判の的となっていました。

自らも女性である杉田水脈議員が、どうしてこんな「女性差別」や「女性蔑視」の暴言を繰り返すのか？　表面的な言葉だけで考えても、答えは出ないと思います。

しかし、先に紹介した「順応への圧力」という視点で読み解けば、どうでしょうか。

杉田議員が所属する自民党は、昔から女性蔑視の発言が目立つ政党です。

第一次安倍政権時代の二〇〇七年一月二十七日、柳沢伯夫厚生労働相は松江市で開かれた自民党県議員の決起集会において、人口減少と少子化問題に関する話で「女性は一五歳から五〇歳までが出産をしてくださる年齢。『産む機械、装置の数』が決まっちゃった」と、女性を出産のための機械や装置と表現する発言をして、激しい批判を浴びました。

ところが、当時の安倍晋三首相は、柳沢大臣を罷免せず、厳重注意に留めました。

このような、古い時代の男女観（社会的・文化的な性自認を表すジェンダーという言葉が日本に入ってくる以前の思考）、つまり男性の方が女性より優位だという前提の男尊女卑が支配する政党の中で、女性の国会議員が「自分の有能さや存在価値を男たちに認めさせる」にはどうするのが一番効果的なのか、杉田議員は考えたのかもしれません。

その結果として導き出された結論が、内部で共有される男尊女卑の価値観や行動原理に沿った行動をとり、それを目立つ形でアピールすることなら、杉田水脈議員の「女性なのに女性を貶《おとし》める」という不可解な行動にも一応の説明がつきます。

女性差別に加えて、LGBTの人には「生産性がない」という暴論（月刊誌「新潮45」二〇一八年八月号への寄稿、同誌はこの記事が原因で同年十月号を最後に休刊）など、杉田議員は数々の問題発言で社会的な批判を浴びましたが、にもかかわらず、彼女は二〇二二年八月十日に発足した第二次岸田改造内閣で、総務大臣政務官という政府の役職に任命されました（国民の批判と国会での追及を受けたのち、十二月二十七日に辞任）。

この抜擢人事は、杉田議員の自民党内での「アピール」が成功した結果だと見ることも可能です。けれども、自民党の議員として自らの「女性差別」の暴言を撤回せず、謝罪もせずに居直り続けた杉田水脈議員は、男尊女卑の価値観を共有する集団内での地位向上と引き換えに、人間として大事な何かを自ら捨ててしまったのではないか。

私には、そんな風に思えます。

群れで身を守る生き物と、集団や組織に依存して生きる人間の相違点

鳥や魚などの生き物はなぜ「群れ」を作って行動するのか

人間がなぜ、自らの意思で、同調圧力に従うのかを考える時、鳥や魚などの「群れ」を作って行動する生き物と重なって見えることがあります。

集団の構成員と同じ行動をとることで、自分の身を守ったり、自分だけが集団から孤立して迷走したりするリスクを回避できます。人が自らの意思で同調圧力に身を委ねる理由の一つとして、こうした「リスク回避」の心理も考えられるからです。

鳥類学者の上田恵介は、一九九〇年に上梓した『鳥はなぜ集まる？―群れの行動生態学―』（東京化学同人）の中で、鳥が群れで行動する理由について、世界中の鳥類学者による研究や仮説を紹介しています。それによると、主な理由として考えられるの

は、捕食者に対する防衛（群れを構成する各個体の生存確率の向上）や、餌場の情報共有、冬の寒い時期に寄り添ってねぐらを作ることによる熱エネルギーの節約などでした。

単独よりも群れで行動した方が、接近する捕食者の存在を早期に発見でき、また各個体が捕食されてしまう確率も、群れでいる方が単独でいる場合よりも少なくなります。群れの規模が大きいほど、全体として「単独より安心できる環境」だと言えます。

上田は、こうした鳥の行動について、次のように説明しています。

みんなでいるとなんとなく安心できるのは人も鳥も同じです。〝なんとなく〟などというと科学的ではありませんが、そうした「気分」をもつことが、捕食者から身を守るうえで有効だったからこそ、集団ねぐらが進化してきたわけですし、反対に一人でいると不安な気分になることの行動学的説明です。それはおそらく複雑な神経系をもった動物が進化の過程で獲得してきた共通の生得的・本能的な（遺伝的基盤を持つ）性向なのでしょう。（p.18）

鳥類だけでなく魚類についても同様で、動物行動学者のトリストラム・D・ワイアットは『基礎からわかる 動物行動学』（沼田英治監訳、青山薫訳、ニュートンプレス）の中で「自己組織化」と呼ばれる鳥や魚の集合的行動についてこう書いています。

魚の群れは、捕食者に捕まらないようにその周囲で分裂し、再結成される。群れの配置は一部の利己的な集団によって動かされているのかもしれない。というのも、各魚は捕食者に最も近い位置を避けようとするからだ（ちなみに、この考えはW・D・ハミルトンが提唱した「利己的集団仮説」である）。魚は、視覚だけでなく側線器官を使って近くの仲間の位置と動きを検出する。（p.186）

自然の摂理にかなった「鳥や魚の集団行動」と人間の同調圧力の違い

海外旅行のガイドブックを読んでいると、比較的治安が良くない場所では「単独行動はなるべく避けるように」と書かれているのを時々目にしますが、こうした注意喚起も、単独でなく群れで行動することによる安全面での向上を前提としたものです。

なるべく人の数が多い通りを歩き、可能なら多人数で行動すれば、犯罪者の標的にされるリスクは下がります。このような場合には、集団の「みんな」に自分の行動を同調させることが、自分にとってプラスの効果を生み出します。

こうした安心感は、捕食者や犯罪者がいない場所であっても得られるものです。人がなぜ同調圧力に弱いのか、どうして自分から集団や共同体の「みんな」と同じ行動をとりたがるのか、という問いに対し、「その方がなんとなく安心できるから」と答える人は、今の日本社会では多いのではないかと思われます。

つまり「そうすることで、なんとなくの安心感を得られる」というのが、多少の不満や窮屈さを感じつつも多くの人が自発的に同調圧力へと従ってしまう、大きな理由の一つでしょう。

けれども、一見すると同じに見える「鳥や魚の集団行動」と人間社会の同調圧力には、決定的に違う側面が存在します。

なんとなくの安心感を得られるから、という「なんとなくの理由」で納得してしまう前に、その大きな違いを認識しておく必要があると思います。

それは、「鳥や魚の集団行動」はすべて、全体として調和がとれている「自然の摂理」にかなっているが、人間が集団で特定方向へと進んでいく社会的な現象は「自然の摂理」とは必ずしも一致していない、という事実です。

魚や鳥、その他の動物が群れを形成して身を守るのは、あらかじめDNAレベルでプログラムされた「本能」に従う行動です。その本能は、種を存続させてきた「自然の摂理」と合致しており、それに従うことが、最も安全で合理的な判断になります。

つまり、魚や鳥、その他の動物が群れで行動した方が安全だというのは、人間から見て合理的だと感じられる以前に、「自然の摂理」がそのように「あらかじめ命じている」からなのです。信仰心の強い人なら、そこに「神のご意志」を感じるかもしれません。

しかし、人間社会の同調圧力は違います。

治安の悪い場所では一人で行動しないとか、小学生が集団で登下校する、というレベルの話であれば、そこには安全上の合理性を見出すことが可能ですが、それは「自然の摂理」とは無関係です。そして、集団や共同体の中で「みんながそうしているか

図3　動物と人間の集団行動の違い

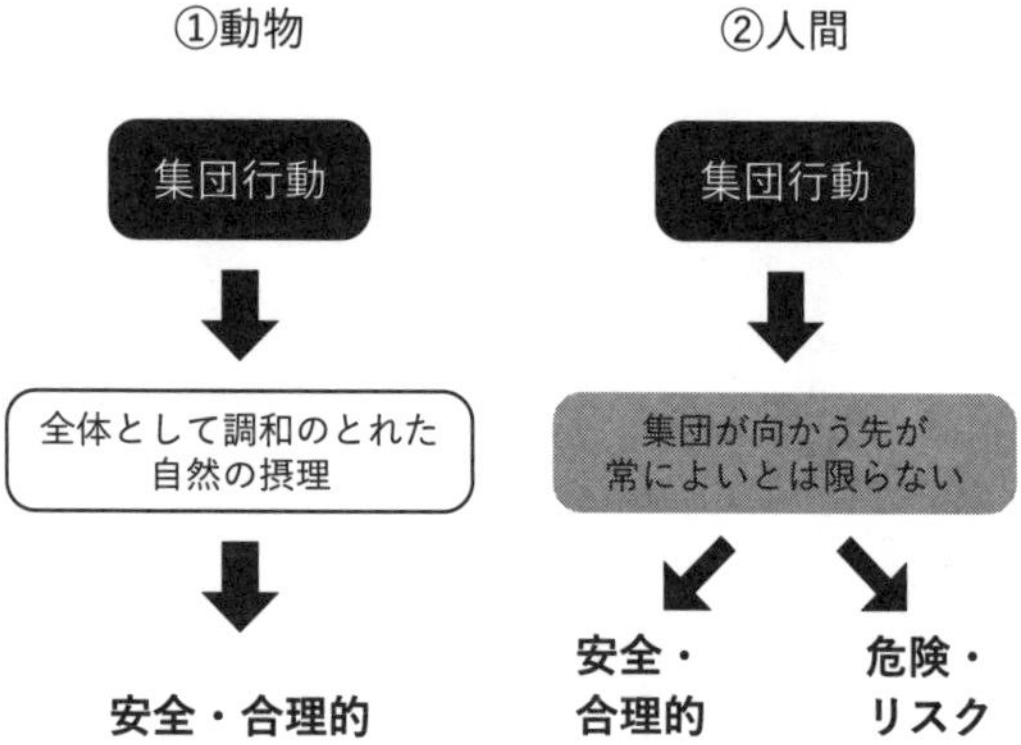

ら、自分もそうする。その方が安心できるから」と自発的に同調圧力へ服従する態度は、一見合理的なようで、実は大きな落とし穴が隠れています。

集団の向かう方向が「常に正しい」という保障は、実はどこにもないからです。

鳥や魚と同じように、人間が「群れ」のみんなに従えば、表面的には「なんとなく」の安心感が得られるように感じられますが、そんな行動をとっている時、あなたは「もしかしたら、この集団全体が進んでいる方向は間違っているかもしれない」という疑念を頭の片隅に抱いているでしょうか？

「多数派は、多数派であるがゆえに正しい」という危険な思い込み

一九七四年、ドイツの政治学者エリザベート・ノエル＝ノイマンは「沈黙の螺旋《らせん》（英語ではスパイラル・オブ・サイレンス）」という仮説を提唱しました。

世論の動向や構造を研究する彼女は、一九六五年の旧西ドイツで行われた連邦議会選挙において、事前に行われた世論調査の結果を踏まえながら、選挙結果を分析しました。その結果、事前の世論調査での「どちらの政党が勝ちそうか？」という問いで優位に立った側が、選挙期間中により多くの支持を獲得して、選挙で勝利したことがわかりました。

この事例からノイマンが導き出したのは、社会の中で生きる人間は、孤立を恐れて多数派に身を置くことを無意識に望み、選挙においても「どちらが勝ちそうか」、つまり「どちらに投票する人が多数派か」という観点で投票先を選ぶ傾向があるのではないか、という仮説でした。いわゆる「勝ち馬に乗る」という考え方にも通じるもの

です。

二〇一三年に出版された、E・ノエル＝ノイマン著『［改訂復刻版］沈黙の螺旋理論　世論形成過程の社会心理学』（池田謙一・安野智子訳、北大路書房）の「訳者解題」で、この理論についてのわかりやすい説明がなされています。

> 公的な場面で、自分の支持する意見が支配的な意見だ、あるいは支持が増大中の意見だと感じている意見の主張者は、それを口に出してまわりの人々の支持を得たがるのに対し、少数派だと感じている人々は、公の立場では沈黙を保ちたがることになる。こうして「知覚された多数派」の「声」が増大する結果、意見の事実上の分布、また「意見の風土」についての印象は、ますます支配的な意見、意見の増大中の意見を多く見積る方向へと歪められることになる。このことがさらに多数派の声の増大と、少数派の沈黙を促す。こうして多数派意見支持の方向への「沈黙の螺旋」現象が生じ、ついには支持の「なだれ現象」を引き起こすことになるのである。
>
> （pp.283-284）

こうした説明を読んで、自分が小学校や中学校の頃に経験したことを思い出した人はいないでしょうか。

先生から「あなたの意見は？」と訊かれて、はっきりした自分の意見は持っていないけれども、クラスの中で孤立した少数派にはなりたくない、という心境から、最初に自分の意見を述べた生徒に続いて「私も○○くん／○○さんと同じです」と同調する声が次々と上がり、それとは違う意見を持つ生徒は、どんどん自分の考えを言いづらくなり、やがて沈黙して多数派に呑み込まれてしまう、という光景を。

でも、そんな多数派が常に正しい側だったのでしょうか？

集団や共同体の秩序を守るために行われる「同調しない者への攻撃」

日中戦争の勃発直後から日本国内で始まった「戦争協力」の同調圧力

集団内の多数派、勝っている側が正しいと見なしてそちらに属する心理が、安心感を求める自己防衛的な動機によるものなら、それがエスカレートした時にどんなことが起きるか。

自分が属していない側、つまり少数派や負けている側に圧力をかけて、それらの人々も自分が属する側へと引き込もうという、同調圧力の思考が強まるでしょう。

少数派や負けている側の人々が存在する限り、自分が多数派に属することで安心感を得るという心理的な思惑は「完成」しないからです。

少数派の人数が減れば減るほど、自分が多数派であることによる安心感は強まり、いろいろな不安や迷いから解放されるという図式が、そこでは成立しています。

逆に言えば、少数派の存在は、安心感を得たくて多数派に属する判断を自ら選んだ人たちにとって、自分の判断は正しくないかもしれないという疑念を抱かせる、不安の種になります。

第一章で紹介した、私に一〇〇円グルメの遊びをやめろと言ってきた同級生の心にも、こうした「自分と違う遊びをする者への不安」があったのかもしれません。

そして、安心感を得たくて多数派に属する人々が、少数派にさまざまな形で同調圧力を加えるという社会的な現象は、平和な時代よりも、戦争や天災、感染症の拡大などの「非常時」に、より強く表れます。

一九三七年七月七日、中国の北京（当時の地名は北平）郊外で発生した偶発的な銃撃戦（盧溝橋《ろこうきょう》事件）をきっかけに日中戦争が勃発すると、大日本帝国の国内では、国民に戦争への協力を強いる同調圧力が発生し、時間の経過と共に強まっていきました。

最初のうち、日本国民の多くは「支那（中国を指す当時の呼称）で何か軍事的衝突が起きたらしいけど、日本軍は強いのですぐに日本の勝利で終わるだろう」と考え、戦時体制への協力を積極的に行うムードはさほど高まっていませんでした。

この状況を不満に感じた近衛文麿政権は、八月十七日と十八日に政府内の情報委員会や内務省、文部省と協議し、国民の戦争への協力態勢を盤石なものにするための方策を練った上で、八月二十四日に「国民精神総動員実施要綱」と名付けられた国民運動の指針を、次のように閣議決定しました。

三、運動の目標
（一）『挙国一致』『尽忠報国』の精神を硬くし、事態がいかに展開し、いかに長期にわたっても『堅忍持久』で、あらゆる困難を打開して所期の目的を貫徹すべき国民の決意を固め〔させること〕。

九月十一日の夜には、東京の日比谷公会堂で「国民精神総動員大演説会」が政府主催で催され、近衛首相は政府側がこの事業に込めた意図を、次のように説明しました。

我々の国家に対する自覚の深まるところ、そこに国家総動員は強制を待たずして、自ら成るのであります。

国民側の自発的行動という形でなされる、戦争協力への同調圧力の始まりでした。

戦時標語の「欲しがりません勝つまでは」と「ぜいたくは敵だ！」

一九三七年十月、国民精神総動員の一環として「家庭ではこうして非常時財政経済に協力しましょう」という、A３サイズのビラが全戸に配布されましたが、そこには次のような「消費節約のすすめ」が記されていました。

「主人は、洋服、帽子、シャツ、スウェーター等の毛織物、革靴の新調はなるべく見合わせることにしましょう。白金（プラチナ）製品や、金側時計、金鎖、金製カフスボタン、金製のネクタイピン、金縁眼鏡、金ペン等は、買わないようにしましょう」

「主婦は、毛糸の編み物はなるべく止めましょう。襟巻、洋服、外套類の新調は、なるべく見合わせることにしましょう。金箔、金糸を使用した織物は、買わないようにしましょう。金製の指輪、首飾り、腕輪、帯留めは、買わないようにしましょう。舶来化粧品は、使わないことにしましょう」
「子供は、革製の靴やランドセルの新調は、できるだけ差し控えましょう。金属製、ゴム製の玩具は、なるべく使わないようにしましょう」
「舶来の缶詰、瓶詰、菓子は、買わないようにしましょう。舶来の酒類、煙草、紅茶は、飲まないようにしましょう」

こうした「消費節約のすすめ」は、各家庭に対する呼びかけであったのと同時に、周囲の人間がこれに反する「ぜいたく」をしていないかを国民に相互監視させる効果もありました。

そして、日中戦争が長期化すると、国民への「消費節約のすすめ」はエスカレートし、「ぜいたくは敵だ！」というストレートな標語が掲げられるようになります。

日中戦争の開始からちょうど三年後の一九四〇年七月七日、日本政府は「奢侈品等製造販売制限規則（通称『七・七禁令』）」を施行しました。その内容は、前記の「消費節約のすすめ」に記されたような「不急不要品、奢侈贅沢品、規格外品の製造・加工・販売の禁止」を定めたもので、宝飾品や高級スーツ、高価な製品の製造・加工・販売が禁じられました。

この戦時下の贅沢禁止政策を国民の間に広く浸透させるために、街角の看板やポスターに使われたのが「ぜいたくは敵だ！」や「日本人ならぜいたくは出来ない筈だ！」という官製スローガンでした。

愛国意識の高い国民は、自発的にこの政策に同調して協力するのと共に、同禁令に違反する者を見つければ、まるで自警団のようにそれを取り締まったり非難したりするなどの行動に出ました。

二年後の一九四二年十一月（日本軍のマレー侵攻と真珠湾攻撃によるアジア太平洋戦争の勃発から一一か月後）には、大政翼賛会（一九四〇年十月十二日、すべての合法政党が解散して形成された、国策遂行の政治結社）と朝日・読売・東京日日（毎日）の各新聞社が合同で「国民決意の標語」を募集し、十一月二十七日に入選作が発表されました。

この企画も、国民の戦争協力意識を高める目的で実施されたものでしたが、計一〇点の入選作の中には、さらなる我慢を国民に強いる、次のような標語もありました。

◆「足らぬ足らぬ」は工夫が足らぬ

◆欲しがりません勝つまでは

パーマネントを理由に「非国民」と罵られ自殺した女学生

このほか、女性の髪型を整えるパーマネントも、日中戦争が始まった一九三七年七月以降は「望ましくない」として非難の対象となり、一九四〇年七月から「パーマネントはやめませう（やめましょう）」という標語が街角に掲げられました。

当時の女性は、おしゃれへの関心に加えて、毎朝髪型を整える時間と手間を節約できるという実用的な理由からも、パーマネントを愛好していましたが、大日本国防婦人会などの「愛国意識の高い女性団体」は、パーマネントを「米英式の髪型」や「獅子みたいな髪型」と評して反対する側に立ち、愛好する女性に対して、それをやめさせる方向で同調圧力を加えました。

そして、当時の新聞もパーマネントに批判的な目線でさまざまな出来事を報じて同調圧力を強めた結果、多くの女性が髪型を理由に「制裁」の犠牲となっていきました。女性史やジェンダー論を専攻する社会学者の飯田未希は、著書『非国民な女たち　戦時下のパーマとモンペ』（中央公論新社、二〇二〇年）の中で、戦時中の様子を次のように記述しています。

公衆の面前で見知らぬ男性からパーマネントをかけた女性が面罵されるというのは、名古屋だけではなく全国各地で起きていたようである。パーマネントは一度かけるとなかなか元のまっすぐな髪には戻らなかったので、女性たちはパーマネントをかけた事実を隠すことができず、街頭や市電の中など、公衆の面前で見知らぬ人々から突然糾弾されることもあった。女学校から動員された遠野駅〔引用者注：岩手県〕で「パーマは非国民だ」と「兵隊上がりの教官」から怒鳴られたという女性の回想もある。パーマネントを特高〔警察〕に見とがめられて、「非国民」と叱責された女学生が自殺してしまい、美容業者が大きなショックを受けたこともあった。そして、このように公然と非難される若い女性たちを周りで眺めている人々がいたことも確かであったようである。（pp.88-89）

これらの戦時中の事例を見て、この数年の日本社会でも似たような現象があったな、と感じた方もおられるかもしれません。

政府の「営業自粛要請」に従わずに営業を続ける飲食店に乗り込んで、さまざまな圧力をかける「自粛警察」や、マスクをせずに外出している人を見つけたら威圧的な態度でマスク着用を要求する「マスク警察」などは、非常時において「自発的に他者に同調圧力をかける事例」だと言えるかもしれません。

感染症が広がる中でのマスク着用は、感染拡大の抑制に一定の効果が認められるとして内外の医療関係者が推奨する方策であり、マスク着用を求めること自体が「同調圧力」に当たるわけではありません。けれども、一般市民が警察や自警団のような高飛車な態度で「全体の方針に従わない市民を取り締まる」行動は、どう見ても行き過ぎです。

集団や共同体の秩序や調和を守るため、という大義名分で行われる「同調しない者への攻撃」は、それを行う人間にとっては「正しい行い」ですが、あくまで「主観的な正義」であり、全体の状況を俯瞰的あるいは客観的に見る視点を欠いています。

質の高い高級品を買うことや、パーマネントの髪型が許されないほど、国の経済や国民の暮らしが逼迫《ひっぱく》しているとすれば、その原因は何なのか。政府や軍部が無定見に戦争を始めたからではないか。

政府の方針に従い続けることが、本当に正しい道なのだろうか。政府が始めた戦争を続けるために国民が生活水準を落とすのではなく、その戦争を止めるのが最善の道ではないか。そんな疑問を抱いて、一人一人の国民が立ち止まって考えることができたなら、日中戦争以降の戦争の行方は違ったものになっていたかもしれません。

しかし、それを阻んだのが、政府と軍部の戦争遂行にすべての国民は協力し、献身奉仕せよと、愛国心の高い国民が他の国民にかけ続けた同調圧力でした。

第四章

間違った道に進んでも集団が方向転換できない恐ろしさ

この章では、未来のための建設的な反省材料とするために、先の戦争中の大日本帝国時代における同調圧力のエスカレートと、それが国全体にもたらしたマイナス面、具体的には「失敗や間違いを認められない硬直した体制の強化」と「人命をないがしろにする精神文化のまん延」などの事例を紹介します。

一見すると「保身」として有効であるかに見える「同調圧力への追従《ついしょう》」が、長いスパンで見れば保身と正反対の「破滅リスク」を高める現実を、過去の事例は教えています。

「このやり方はおかしいのでは？」という疑問を許さない同調圧力

日中戦争開始から四日後には早くも固まった「メディアの国策追従」

一九三七年の盧溝橋事件をきっかけに日中戦争が始まった当初、国策に従わせる同調圧力を「かける側」の人間は、市民の間では比較的少数でした。その後、国策に従う人々の数がじわじわと増え続けた結果、同調圧力を「かける側と従う側の合計」が圧倒的な多数派になり、従わない人間は少数派になっていきました。

けれども、過去の歴史に興味がある人ならよくご存知のとおり、ある時代のある国や共同体において、多数派が進んだ道が常に正しかったわけではありません。

むしろ、異論を排して国民の多数派がある特定の意見で凝り固まった結果、思考が硬直した統制国家となって、戦争や少数者の迫害、人類史に汚点を残す虐殺などを引き起こしたケースも少なくはなかったのです。

戦後の日本社会では、先の戦争（日中戦争とそこから拡大したアジア太平洋戦争）に関する反省点の一つとして「メディアが国策としての戦争の扇動に加担したこと」がしばしば挙げられます。

第二章や第三章でも触れましたが、当時のメディア（新聞各紙と日本放送協会＝NHKのラジオ）は、政府と軍部の打ち出す「国策」に追従して戦争を是認し、国民を戦争協力に扇動して、結果的に内外で多くの犠牲者を生み出しました。

新聞各紙が軍部に迎合する動きを強めたのは、一九三一年九月十八日に始まった満洲事変（日本軍の大陸展開部隊「関東軍」が謀略で引き起こした、中国東北部への軍事侵攻作戦で、翌年に大日本帝国の傀儡国家「満洲国」を誕生させる契機となった）以降でした。

そして、一九三七年七月七日深夜の盧溝橋事件で日中の軍事衝突が始まると、近衛首相は四日後の七月十一日の夜に重要な「閣議決定」を行うのと共に、当時の主要メディア各社の幹部を首相官邸に招いて懇談会を開き、「これから政府が中国で日本軍に行わせる行動にメディア各社は『挙国一致』で協力してほしい」と依頼しました。

挙国一致とは、文字が示す通り「国を挙げて一致団結する」という意味です。

近衛首相が行った「閣議決定（内閣による決定事項）」は、中国軍との武力衝突を指す日本政府の公式な呼び名を「北支事変」とし（事変とは、正式な宣戦布告を伴う戦争には至らないものの、一定以上の規模で行われる戦闘や軍事衝突のこと）、中国軍と戦う現地の日本軍を増強するために「追加兵力を派遣する（北支派兵）」というものでした。

首相、外相、蔵相（今の財務相）、陸相（陸軍大臣）、海相（海軍大臣）の五人による緊急閣議は、七月十一日の午後二時から首相官邸で開かれ、午後三時四〇分頃に終了して（昭和）天皇の裁可を仰いだのち、声明として発表されました。

つまり、偶発的な銃撃戦で発生した日中両軍の小規模な武力衝突を、日中両国の全面戦争にエスカレートさせる重大な決定は、帝国議会（現在の国会）での議員たちの審議を経ないまま、近衛内閣の「閣議決定」だけで下されました。

そして七月十一日の夜、近衛首相は新聞社や通信社の代表者と貴衆両院議員、財界の代表者を首相官邸に迎えて懇談会を開き、中国を相手とする本格的な軍事行動という国策への協力を要請しました。

午後九時に始まったメディア各社幹部との懇談会には、東京朝日新聞社主筆、読売新聞社編集局長、東京日日（今の毎日）新聞社総務、日本放送協会（今のＮＨＫ）常務理事、同盟通信社社長など約四十名が出席し、近衛首相の挨拶に続いて杉山元《はじめ》陸軍大臣が「国民全体の結束せる国力の下に政府の方針遂行に邁進したい」と述べて、メディア各社に戦争への協力を要請しました。

これを受けて、岩永同盟通信社社長は一同を代表して「挙国一致政府の方針遂行に〔報道各社は〕協力すべき」との返事を述べ、懇談会は午後九時三〇分に散会しました。

この日以降、日本国内の主要メディアは、国策として戦争を遂行する政府および軍部に対して批判的な視点を完全に排し、政府および大本営（戦争指導の最高会議）の発表を無批判に広報宣伝するだけの「宣伝（プロパガンダ）機関」へと変質しました。

そうなった理由については、過去に多くの研究書が著されており、一口に説明することは難しいですが、全体に同調すれば、自社だけ孤立して政府や軍部の情報を得られなくなる事態を回避できるという、場当たり的な判断が大きかったようです。

彼らは、「挙国一致」を大義名分とし、「すべての国民は戦争遂行に全面協力するのが当然だ」という同調圧力の空気を、社会に醸成しました。

そして、戦時におけるメディアは、主体性や批判的精神を「国策」の下に捨て去り、政府や軍部の決めることとやすることは常に正しいという「無謬《むびゅう》神話」を国内に広め、戦争に疑問を抱いたり反対したりする国民の声を封殺する同調圧力のジェネレーター（発生装置）として、一九四五年八月の破滅的な敗戦まで「熱心に」働き続けました。

文部省と全国の学校および神社も加わった戦争協力の同調圧力

報道メディア各社幹部との懇談会が終わると、近衛首相は午後九時三〇分から、帝国議会の貴族院と衆議院の各議員（現在の衆参両院の国会議員にほぼ相当、ただし貴族院議員は選挙によらず特権階級から選出）代表を首相官邸に招いて、「中国の横暴に武力で対抗する」という国策への協力を要請しました。

午後一〇時に政界代表者との懇談会が散会したのち、近衛首相は東京の財界代表を首相官邸に招きましたが、財界の代表者（日本経済連盟会常任委員）も、「我々は挙国一致で政府に協力する」との挨拶を述べました。

翌七月十二日付の東京朝日新聞夕刊は、一面で「挙国一致　協力せよ　文部省の通牒」という見出しと共に、教育行政を司る文部省の動きを報じました。

文部省では、北支事変の重大さにかんがみ、十二日午前に首脳部会議を開き、協議した結果、各地方長官、官私立大学、専門学校長、各種宗教団体に対し、左の通牒を発し、今回の事変の認識を深め、挙国一致協力せしむることになった。
《通牒》今次北支事変に関し、政府より声明がなされたことについては、この際貴管下各学校生徒児童ならびに、社会教育諸団体関係者、貴学校学生生徒に、正しく時局を認識させるように努め、その本分を守らせると共に、協力一致、いよいよ国民精神の振作に遺憾なきを期せられたし

この通牒により、日本全国の学校教育の現場が、中国で戦う日本軍を全面的に応援する方向へと進んでいきました。

そして、当時文部省の指導下にあった各種の宗教団体（神社は除く）も、現下の戦争

遂行を無条件で支持し、協力するという方針に従うよう求められました。

内務省の管轄下にあった全国の神社も、明治時代に創られた靖國神社を筆頭に、軍人が戦争で「天皇のために戦って死ぬこと」を美化礼賛するようになり、第二章で紹介したような、息子を失った親や夫を失った妻が「よく死んでくれました」とか「よろこんでいます」と言わざるを得ない風潮を日本国内に創り出す上で、大きな役割を果たしました。

こうして、重要な影響力を持つ集団（政界、財界、教育や宗教を含む官界、メディア業界）のすべてが政府の国策に同調した結果、日本の社会は「すべての日本国民は戦争に勝つために全力で献身奉仕するのが当然だ」という「空気」で満たされました。

その「空気」は、戦争のために努力していない者や、努力していない「ように見える」者に対して「お前はなぜ『お国』のために献身奉仕しないのか」という同調圧力として、一人一人の国民に覆い被さり、思考と行動の自由を奪い取っていきました。

また、自分を愛国者だと考える国民は、戦争のために努力していない「ように見える」者がいると「お前は非国民（日本人ではない者）だ」と決めつけて罵倒し、社会的に孤立させたり暴力で痛めつけたりするなどの蛮行を、使命感や高揚感に酔いながら行いました。

帝国議会演説で日中戦争に疑問を呈した斎藤隆夫議員の「除名処分」

日本国民は戦争に勝つために全力で献身奉仕するのが当然だ、という同調圧力が日本の社会を支配すると、「いま政府と軍部が進めている『戦争』という国策が本当に正しいのか？」「対外問題の解決法として、もっとよいやり方があるのではないか？」という、しごくまっとうな疑問を国民が表明することも困難になっていきました。

もしかしたら、自分たちの集団が進んでいる方向は間違っているのでは？

冷静に考えれば誰でもわかるように、これは健全な疑問であり、自分が属する国に「刃向かっている」わけではありません。むしろ、自分の国を愛し、その将来を心配するからこそ、真摯な疑念が頭の片隅に湧いてくるのだと言えます。

実は、帝国議会の議員の中に、そんな誠実な疑問を心に抱き、帝国議会議事堂（いまの国会議事堂）の議場で公然と表明した政治家がいました。

斎藤隆夫という、当時六九歳の衆議院議員がその人物です。

日中戦争の開始から二年と七か月が経過した一九四〇年二月二日、斎藤は衆議院本会議において「支那事変（日中戦争）処理に関する質問演説」を行いました。

この演説は、一般に「反軍演説」として知られていますが、実際には斎藤が「軍に反対した」というよりも、日中戦争に関する当時の日本政府の態度に、本質的な疑問を呈するような内容でした。

斎藤は、日中戦争を始めた近衛文麿首相も、その後を継いだ阿部信行首相と米内光政首相も、実は「この戦争をどのような形で終わらせるか」という現実的な計画や構想を頭の中に持っていないのではないか？　と、鋭く問いかけました。

「これにおいて私は総理大臣に向って極めて率直にお尋ねをするのである。支那事変を処理すると言わるるのであるが、その処理せらるる範囲は如何なるものであるか、その内容は如何なるものであるか、私が聴かんとするところはここにあるのであります。」

「支那事変のためにどれだけ日本の国費を費やしたかということは私はよく分りませぬ。しかしながらただ軍費として我々がこの議会において協賛を致しましたものだけでも、今年度までに約百二十億円、来年度の軍費を合算致しまするとやく百七十億円、これから先どれだけの額に上るかは分らない。二百億になるか三百億になるか、それ以上になるか一切分らない。」〔引用者注：戦前の一九三七年三月に可決された国家予算額は二八億円〕

「聞くところによれば、いつぞやある有名な老政治家が、演説会場において聴衆に向って今度の戦争の目的は分らない、何のために戦争をしているのであるか自分には分らない、諸君は分っているか、分っているならば聴かしてくれと言うたところが、満場の聴衆一人として答える者がなかったというのである。」

「事変以来我が国民は実に従順であります。言論の圧迫に遭って国民的意思、国民的感情をも披瀝することが出来ない。」

「内外の政治はことごとく支那事変を中心として動いている。現にこの議会に現われて来ますところの予算でも、増税でも、その他あらゆる法律案はいずれも直接間接に事変と関係をもたないものはないでありましょう。それ故にその中心でありまするところの支那事変は如何に処理せらるるものであるか、その処理せらるる内容は如何なるものであるか、これが相当に分らない間は、議会の審議も進めることが出来ないのである。」

（斎藤隆夫『回顧七十年』中公文庫、P.247-277）

これらの発言抜粋から読み取れるように、斎藤は日中戦争そのものに反対したわけではなく、ただ「首相はどのような形で日中戦争を収束させる、つまり終わらせる構想を持っているのか、それを説明して欲しい」と述べただけでした。

多くの国民に増税や物不足、出征した軍人には戦地での苦労や死傷という犠牲を強いている以上、政府をまとめる総理大臣には、戦争の終結に向かう具体的な道筋を指し示す責任があるというのが、この演説の主旨でした。

今の時代から見れば、この斎藤の演説は非常に勇気あるもので、当時の国民が言いたくても言えないことを代弁したものだと言えます。

ところが、当時の帝国議会は斎藤演説を「聖戦の目的を冒瀆《ぼうとく》する」などとして批判し、演説の約三分の二を速記録から削除させた上、三月七日の衆議院本会議で斎藤の議員資格を剥奪する「除名決議」の採択を行いました。その結果、三〇三票中反対はわずか七票という圧倒的な賛成多数で可決され、斎藤は帝国議会議事堂から追い出されました。

つまり、日本の舵取りを握っていた帝国議会の議員たちは、「斎藤の疑問にきちんと答えよ」と米内光政首相を問い質《ただ》す代わりに、国策遂行という同調圧力によって、その「政府にとって不都合な疑問」を斎藤本人ごと消し去ってしまったのです。

自分たちが進んでいる方向は果たして正しいのか？　そんな当たり前の疑問を公然と表明する者を処罰の対象として排除し、呈された疑問も議会の速記録から抹消してしまう。この斎藤隆夫の除名騒動も、集団が進み続けている進路からの方向転換はおろか、疑問を口にすることすら許さないという、秩序を守る同調圧力の一例だったと言えます。

同調圧力が行き着いた到達点：「特攻」と「集団自決（強制集団死）」

形式的には「自発的志願」とされた特攻隊の「二重の同調圧力」

先の戦争（日中戦争を含むアジア太平洋戦争）において、とりわけ悲惨な同調圧力の例として語られることが多いのは、戦争末期に大日本帝国の陸軍と海軍がそれぞれ組織的に実行させた体当たり攻撃、いわゆる「特攻（特別攻撃）」です。

爆弾をくり付けた飛行機にパイロットを乗せ、敵の軍艦に体当たりさせる。

人が操縦する形に改造された爆弾や魚雷にパイロットを乗せ、体当たりさせる。

陸軍や海軍という組織が、このような戦法を組織的に、兵士に繰り返し実行させる。

現代の価値観では、信じられないような「人命軽視」の戦わせ方です。

こうした戦法は、形式上は「パイロットの自発的志願」で行われたもの、ということにされていました。けれども、実際には元特攻隊員やその身近にいた人たちによる手記を含め、多くの書物で指摘されているように、現代の我々が理解しているような、完全な自由意思による「志願」ではありませんでした。

高等商船学校を卒業後、船乗りとしてアジア太平洋戦争に関わり、二〇歳で敗戦を迎えた小沢郁郎は、戦後に特攻隊の実像についての研究を重ね、その成果を著書『つらい真実―虚構の特攻隊神話』（一九八三年、同成社）にまとめました。同書の中で、小沢は特攻隊の「志願」について、次のように書いています。

> 志願問題については、この「志願」という言葉自体に錯覚が起りやすい。戦後の（旧日本軍隊の消滅した時期の）用法では、「志願」とは当事者の意志の自由な表明の状態における選択を意味する。志願しない者に対する蔑視や差別のないことが保証されなければならない。が、旧軍隊が一番に嫌ったことが、その「自由」であり「個人」であったのである。〔略〕
> 端的に言えば、軍上層部は「自発的に志願せよ」と命令できたのである。自発

性を強制できたのである。ここに志願問題の鍵がある。一般に「志願」とは当人の意志・希望の表明を意味する。自発性を前提とする。が戦争末期には、上長者の意向の強制と、それへの忍従をも意味した。（p.113）

小沢は、軍の上層部が与えた説明を信じて「有意義な死」と確信し、「本心から国に殉ずる気持ちで死んでいった若者たち」が多く存在した事実を否定していません。しかし、一見すると完全な「自由意思」で特攻隊としての出撃を選んだかのように見える事例でも、そこにはいくつかの「隠された事情」が存在していました。

当時の大日本帝国を支配した風潮は、第二章で触れた「戦没軍人の遺族が新聞に語ったコメント」が示すように、軍人の死を際限なく美化・称賛するもので、戦死した軍人の遺族も「国に忠義を尽くした英霊の家族」という名誉を付与されていました。

特攻隊に志願するか否か、という問いを上官から突きつけられた時、若い軍人の脳裏には当然、こうした「家族が置かれる境遇」も思い浮かんだはずです。

つまり、軍人たちは常に、故郷に残した家族をいわば人質に取られたような形で任務についており、家族思いの軍人ほど、当時の価値観に準じた形での「死」を受け入れる心理状態になっていた可能性があります。

そのことは、鹿児島県の知覧や鹿屋、万世をはじめ各地の特攻隊に関する博物館に展示されている、特攻隊員の遺書を見ても明らかで、多くの隊員は「家族を安心させるような気遣いの言葉」を切々と書き遺していました。

こうした、本人にすら自覚できていないかもしれない「当時の価値観への服従」も、軍人から自由な選択肢を奪って特定の行動（特攻）を強いる同調圧力であったと見ることができます。つまり、特攻隊の「志願」には、二重の同調圧力が存在していたと言えるのです。

特攻隊員の「志願」の現場に見られた同調圧力の事例

小沢郁郎の『つらい真実―虚構の特攻隊神話』には、上官が部下を特攻隊に「志願」させるために、同調圧力のテクニックを使った事例もいくつか紹介されていました。

例えば、フィリピンのセブ島に展開していた海軍航空隊のある戦闘機部隊では、一九四四年十一月に次のような形で「志願」が募られたとあります。

十一月下旬、マバラカット基地で、玉井司令が総勢わずか二〇数名の搭乗員に体当たりをつのった。三、四名が「志願をこだわっていた」

司令は志願を促すように「君たちはどうするのか、決断がつきかねるかね」と言葉は軟らかいが、全員志願を迫っておられるようであった。中のひとりが答えた、「全員志願すれば、私たちも志願します」

「見たとおりだ。ほとんど全員志願をしているではないか。志願をしないのは君たちだけだよ」

三、四名は顔を見合わせ、うなずき合った。

「それでは志願します」

(pp.125-126)

このやりとりは、第三章の冒頭で紹介した「沈没船ジョーク」にも通じるものです。みんなが志願しているのだから、お前も志願しろ。

みんなが志願しているのなら、私も志願します。

こうした同調圧力の効果を逆手に取り、部下の志願を勝手に「確信」して特攻隊の名簿に部下の名前を入れてしまった飛行隊長もいました。

一九四五年二月二十三日、ある海軍航空隊の飛行隊長は、特攻隊のパイロットを「諸子からの志願によって選抜をし、命令せらるべきであるが、さすれば、全員が志願するであろうと確信されるので、こちらからその〔パイロットの〕ペアを発表する」と部下に告知しました。

こんな形で「全員が志願するであろうと確信される」と先に言われてしまうと、もう部下は誰も異を唱えることはできなくなります。どう考えても、同調圧力による、強制の既成事実化です。

上官が「全員志願すると思」えば「志願制」だという論理か？　上官（特攻員指名者）にとって都合のよいこの論理は、各所で使われた形跡がある。神風第一陣のセブ基地の国原少尉の「熱望」に対する中島中佐の返事がそれであるし（猪口・

中島書、一一三頁)、陸軍航空特攻第一陣万朶隊の指名者、鉾田教導飛行師団長、少将・今西六郎たちも「志願者を募れば全員が志願するであろう。指名すればそれでよろしい」との論理のもとに、体当り反対の第一人者岩本益臣少佐たちを指名するのである。そして、このような指名に、拒否権は事実上なかった。それは言語形式主義にとっては「志願」になるのかもしれないが、常識的には指名制または強制であろう。とにかく、これが「志願」なり「指名」なりの実態の平均値であると私は思っている。（p.127)

実際は上の者による強制であっても、拒否できない「空気」をあらかじめ作って逃げ道をふさいだ上で、相手に「志願する意思」を問い、形式的に志願させて「強制ではない」形にする。これは、同調圧力の最も悪質な使われ方の一つだと言えます。

沖縄では「強制集団死」と呼ばれる「集団自決」と同調圧力

特攻隊の悲劇と共に、先の戦争末期にサイパン島や沖縄などで一部の日本人市民が行った「集団自決」も、同調圧力という観点から読み解くことが可能な事例です。

アジア太平洋戦争の末期、敗色濃厚となった大日本帝国では、市民がアメリカ軍の支配下に入ることを恐れる風潮が高まっていました。「アメリカ兵は残虐だから、占領されれば男は殺され、女は凌辱(レイプ)される」という話が、軍人や地方有力者から事実のように語られ、それを信じた市民たちは、いざとなれば「自決」する覚悟を固めました。

日本軍の戦争犯罪などを研究する歴史家で社会学者の林博史は、著書『沖縄戦 強制された「集団自決」』(吉川弘文館、二〇〇九年)の中で、先の戦争末期における日本人の「集団自決」について、「地域の住民が、家族を超えたある程度の集団で、もはや死ぬしかないと信じ込まされ、あるいはその集団の意思に抗することができず、『自決』または相互に殺し合い、あるいは殺された出来事」(p.10-11)と定義しています。

そして林は、沖縄県の座間味島《ざまみ》で起きた「集団自決」は、島内にある三つの集落の中で座間味集落だけであった事実を指摘したのち、次のように記しました。

住民たちは、ほかの住民がたくさん生き残っていること、特に日本軍が玉砕していないことを知り、さらに米軍が「集団自決」で負傷した人々を治療し、住民に食糧を渡すなど保護している情報が入ってくると、もはや「集団自決」をしようとはしなかった。（p.30）

これはあくまで座間味島の事例ですが、先ほども触れた「みんなもしているから」という同調圧力の心理が、「集団自決」という極限状態の行動を実行するか否かにおいても、大きく作用したケースが存在した事実を示唆しています。

沖縄やサイパン島で日本人の市民が「集団自決」へと追い込まれた理由は一つや二つではなく、当時の時代背景や当時の日本人の思考を支配した、天皇や大義のために死ぬことを名誉と見なす価値観や死生観も踏まえて考える必要があります。

言い換えれば、人命を異様なほどに軽んじた大日本帝国時代の死生観と、それを集団で共有する軍人や市民が創り出した同調圧力も、本来なら戦後まで生き延びられたかもしれない市民や軍人を、冷酷に死へと追いやる効果をもたらしました。

ちなみに、沖縄県では「集団自決」という言葉について、県民にそれを強いた日本軍の精神的威圧と物理的暴力、その根底にあった大日本帝国時代の人命軽視の精神文化などの「本当の原因」から目を逸らし、責任を個々の犠牲者に押し付けるとの批判があり、より本質的な表現として「強制集団死」という言葉が使われる場合が珍しくありません。

ここで言う「強制」とは、明確な「軍の命令」という意味ではなく、むしろ目に見えない形で一人一人の県民を死に追い込んだ、「家族や集落で一緒に死ぬこと以外の選択肢を許さない」という同調圧力の存在を踏まえた表現だと言えるでしょう。

「セクハラ」や「パワハラ」が無くならない理由も同調圧力？

道義的な正しさよりも「場の雰囲気を壊さないこと」が優先される世界

現代の日本では、特攻や「集団自決」のような悲惨な出来事は（とりあえず本書の執筆時点では）起きていませんが、大日本帝国時代の事例によく似た同調圧力の理不尽な「空気」は、今もなお社会のそこかしこに漂っているようです。

なぜ「セクハラ」や「パワハラ」が、いつまでも社会から無くならないのかという問題も、大日本帝国時代の事例と同様、上からの強圧だけでなく、市民同士の横方向での同調圧力の存在を無視しては、理由を説明できないように思います。

例えば、大勢の人が見ている前で女性を標的とした「セクハラ」が行われた現場に遭遇した時、あなたは「やめなさい」と口に出して言えるでしょうか？

その場合の沈黙は、本人の中では「口に出す勇気がない」という意気地のなさで説明がつく（または言い訳が成り立つ）かもしれませんが、被害者の女性から見れば、周囲で見ている人々の沈黙は「そのくらいのことは我慢しなくてはいけないよ」という「無言の同調圧力」になります。

第三章で紹介したPOLAのCM第二弾では、宴会で女性が男性たちに「お酌」をするシーンが含まれていました。

日本語には「酌婦」という言葉がありますが、会社の忘年会などの宴会では多くの場合において、何らかの合意や意思確認がなされることなく自動的に、それが当然の義務であるかのように「男性にお酌をする役割」が女性に割り当てられます。

そこでもし、お酌を求められた女性が「どうして女性だけがお酌をしないといけないのでしょうか？」という、ごく普通の疑問をその場で口にしたらどうなるか？

おそらく、場は静まり返り、宴会の「楽しい雰囲気」は一気に冷めるでしょう。

疑問を呈した女性は、先ほど紹介した戦時中の斎藤隆夫議員と同じように「場の空気を読まずに、問うてはいけないことを問うた」ことで秩序を乱して「雰囲気」を壊したと見なされ、報復的なペナルティを受ける可能性が高いと思われます。中にはそうでない会社もあるでしょうが、「そうなるかもしれないという恐れ」だけでも、女性にとっては充分な心理的圧力になります。

宴会の「お酌」だけならまだしも、酔った男性社員に身体を触られたりキスを強要されるという、実質的には性犯罪の領域である「セクハラ（セクシャル・ハラスメント＝性的嫌がらせ）」を受けたとしても、女性が抗議の声をあげられないような「空気」がその場を支配しているケースが、日本では昔から少なくありません。

セクハラを行う男性たちは、被害者の女性が「声をあげにくい境遇」にいることを承知の上で、つまり有形無形の力関係における「非対称性」を利用する形で、普段ならできないようなことをやってしまいます。そして、その場に居合わせた男性だけでなく同僚の女性たちも、何が起きているかを知りながら沈黙するなら、その「無言」がそのまま「被害に遭ってもあきらめて我慢しなさい」という同調圧力のメッセージとなります。

二〇二二年十二月二十三日、東京新聞（ネット版）は「セクハラ、パワハラへの感覚がまひ…防衛省はもっと声を上げやすい仕組みを　元陸上自衛官の五ノ井里奈さん訴え」という見出しで記事を公開しました。

五ノ井さんは、自衛官時代に複数の男性隊員から押し倒されて卑猥《ひわい》な行動をとられるなどの性被害を受けた事実を、実名で告発した女性ですが、十二月十九日に行った記者会見で、自らが受けた被害をこう語りました（以下は東京新聞ネット版の記事からの引用）。

「入隊した2020年から日常的に、抱きつかれたり、柔道の技をかけるふりをして腰を振るしぐさをされたりという行為があった。野営訓練では、テントで複数の男性隊員からTシャツ越しに胸を触られ、頬にキスをされ、男性隊員の陰部を触らせられた」

「（同年8月に北海道で行われた約1か月間の訓練で）3人の男性隊員から格闘技の技をかけられ、ベッドに押し倒され、男性隊員が私に覆いかぶさり、股を広げ、何度も腰を振ってきた。十数人の男性隊員が見ていた。上司2人は行為を見て笑っていた」

各種の「ハラスメント」を温存させる効果も持つ集団内の同調圧力

五ノ井さんは最初、自衛隊の東北方面総監部相談窓口に相談しましたが、その場にいたはずの隊員たちは誰も出来事について証言せず、告発は不起訴処分で終わりかけました。

それを見た五ノ井さんは、自衛隊という組織の文化に絶望して二〇二二年六月に依願退職し、自らが受けた心身の苦痛と屈辱を実名で顔も出して告白しました。

これらの情報発信により、世論の関心が高まりを見せると、防衛省は同年九月二十九日に五ノ井さんの訴えを認めて謝罪し、十二月十五日には彼女に対する加害者である男性自衛官五人が、懲戒免職処分となりました。

五ノ井さんが記者会見で語った事実の中で、直接的な性加害の醜さとは別の意味で重要だと思われるのは、「十数人の男性隊員が見ていた。上司2人は行為を見て笑っていた」という、傍観者の存在に触れたくだりです。

彼らはみな、複数の男性が一人の女性に性的な加害を行っている状況を目の前で見ていながら、それを止めようとせず、二人の上司にいたっては「笑っていた」。

ここまでひどい状況ではなくても、似たような構図は、社会の至るところに存在するように思われます。

会社の上司が部下の女性社員にセクハラの暴言を吐いている時、周囲にいる社員は誰もそれを止めようとしない。もし「それはセクハラです」と指摘して止めようとすれば、面子《メンツ》を潰された上司から報復的対応を受けたり、周囲にいる社員から「あいつは空気を読まない」と見なされて仲間はずれにされるかもしれないから。

むしろ、上司のセクハラに同調して笑い声を上げたりした方が、その上司に気に入られて贔屓《ひいき》されたり出世するかもしれない。そんな打算で動く人もいるでしょう。

けれども、おかしいことを目にしても「おかしい」と言わないという集団内の「空気」に自分も染まって迎合することも、同調圧力への服従に他なりません。

そして、この理不尽な構図で被害者になるのは女性だけでなく、組織内の上下関係で弱い立場にいる男性も、セクハラ（皆の前で服を脱がされるなど）の被害に遭っても周囲に助けてもらえず、絶望的な境遇に置かれる事例がしばしば報告されます。

組織内の上下関係で強い立場にいる人間が、自分に逆らえない弱い立場の相手に対して、「言葉の暴力を浴びせたり横暴な権限行使で不利益を被らせたりする行為は、「パワハラ（パワー・ハラスメント＝権力を悪用した嫌がらせ）」」と呼ばれますが、「パワハラ」の被害でも性別は関係なく、集団や組織の中での力関係で弱い立場にいる人なら誰でも被害者になり得ます。

二〇二二年八月三十一日、五ノ井さんは防衛省を訪れ、自らがネット上で行った「自衛隊内におけるハラスメントの経験に関するアンケート・最終報告」の文書を、自分の性被害についての公正な調査を求める署名と共に、木村次郎防衛大臣政務官に手渡しました。

そのアンケート調査は、同年七月二十一日から八月三十日に集められたもので、総回答数253件のうち、ハラスメント経験に関する回答者数は一四六人で、種別（複数回答可）ではパワハラ（一〇一件）とセクハラ（八七件）が特に多く報告されていました。

ネットで公開されている最終報告の内容を見ると、自分がハラスメントを受けて辛かった、嫌だったという報告と共に「自分がいつのまにか（セクハラを笑いながら受け流す）女性先輩たちと同じ立ち位置を取っていることに気付いてショックでした」とか、「女性後輩への（男性隊員による）セクハラを注意しないことで『セクハラしてもいい環境』作りに加担していた」など、傍観者の立場をとったことを反省する女性の声もありました。

「ハラスメント＝人生修練」という思想の根源は日本軍にあり

二〇二二年十月二十日、ネット媒体「ダイヤモンド・オンライン」は、「元陸自・性被害告発者への誹謗中傷でまた露見、日本人の伝統的ハラスメント気質」というタイトルの記事を公開しました。

筆者はノンフィクションライターの窪田順生で、性被害を告発した五ノ井さんに対してネット上ですさまじい誹謗中傷が投げつけられている状況とその背景を分析する内容でした。窪田は、一見もっともらしい口実をつけてハラスメント被害者を罵ったり批判したりする人間に共通する思考パターンとして、「ハラスメント＝強い組織人をつくるために必要な負荷あるいは人生修練」という、実は根拠がないのに日本社会では根強い思い込みを指摘しました。

ここで言う「強い組織人」とは、端的に言えば「組織内の同調圧力に従順で逆らわない人間」ということにもなるかと思います。そして窪田も、ハラスメントを人生修練と見なす精神文化の根源として、大日本帝国時代の日本軍に言及しています。

実は我々の働き方、社会システム、企業文化などはすべて日本軍がつくったと言っても過言ではない。〔略〕国民総動員体制で総力戦となった時、民間企業で働く人の多くは「産業戦士」という軍の監督下になったからだ。戦時体制によって、日本全体の働き方から組織マネジメントまであらゆることに日本軍式の方法論が叩き込まれたのである。

戦争に負けたからといってそれがいきなりリセットされるわけもない。しかも、戦後復興の中心になった経済人は従軍経験があるか、産業戦士か、軍国教育を受けた人だ。だから、戦後の日本企業は「上司の命令は絶対」「滅私奉公」という感じで、どうしても軍隊チックになる。ちなみに、「長時間・重労働」「現場の人間を使い捨てにする」「粉飾・改ざん」「隠ぺい体質」という一部の日本企業で見られる悪弊も、すべて日本軍にあった文化だ。

そんな日本軍カルチャーのひとつが、「ハラスメント＝人生修練」という思想だ。実は日本軍にも、「新兵いじめ」という現代のパワハラ・いじめとほぼ同じようなものがまん延していた。

私も戦史研究家として、戦後の日本社会には大日本帝国時代の精神文化が根強く残っていると考えており（その理由と実例については集英社新書『未完の敗戦』などを参照）、ハラスメントの加害を「本人のためだ」と居直る醜い態度も、精神注入や精神鍛錬と称して部下に暴力を振るった日本軍人の思考形態と似通っているように思います。

組織の面子や威信に傷をつけたり「マイナスイメージ」を生じさせるような内部告発を、頑なに許さない姿勢も、昭和の大日本帝国時代の日本軍と瓜二つです。組織内の間違いや問題点を指摘することは、「組織への攻撃」ではなく、むしろ組織の将来を思っての建設的提言である場合が少なくありませんが、「現在」の組織の面子や威信を重要視する権威主義的な思考ではそれが理解できず、「組織への攻撃」と決めつけて相手を罵倒します。

先に紹介した斎藤隆夫議員の問いに対する帝国議会の反応が、その典型例です。

二〇二二年九月二十八日、五ノ井さんはツイッターに次のような投稿をされました。

私に自衛隊の名誉を汚すな、嘘つくな、とか色々来ます。自衛隊に対しては助けて頂いたので、本当に感謝していますし自衛隊が好きです。だからこそ、根本的に改善して頂きたいです。大半は真面目に熱意を持って働かれている隊員の方々が沢山います。なので早く私の件の再調査を出して頂きたいです。

この文言を見れば、五ノ井さんは「自分が辞めた後の自衛隊員とその将来」をより良くするために行動しているのは明らかでしょう。そんな人を圧力で潰そうとする行動は、本章で紹介した斎藤隆夫議員に対する帝国議会の議員たちにも通じるものがあります。

「挙国一致」で戦時の同調圧力に従った結果、国民は幸せになったか

思考を停止させて集団への同調をうながす「挙国一致」という言葉

本章の冒頭部分で、日中戦争が始まった時に大日本帝国政府がメディアや財界に「挙国一致体制への協力」を求めた話を紹介しましたが、「挙国一致」という言葉が持つ意味と効果について、ここでもう少し掘り下げてみようと思います。

日中戦争が始まった一九三七年七月より前は、挙国一致という言葉は主に「挙国一致内閣」といった形で、政治的情勢について用いられることが主でした。

当時の日本の政界では、「政党政治」が一時的に機能を停止しており、帝国議会に

おける政党の議席数とは関係なく、天皇の信頼する「重臣」と呼ばれる有力者によって首相候補者が推挙され、天皇がそれを承認して組閣の「大命（天皇の命令）」を当該の人物に下すという形式がとられていました。

この形式を、当時の人々は漠然と「挙国一致内閣」と呼んでいました。

しかし、一九三七年七月の盧溝橋事件を機に、「挙国一致」という言葉は、日中戦争における政府と政界・軍部を含む官界・財界・メディア・国民の「国を挙げて一致団結」した戦争遂行への協力を言い表す言葉として、多用されていくことになります。

中国という共通の「敵」が現れたことで、国全体の結束が高まったのです。

それにより、どんなことが起きたか。

容易に想像できる話ですが、政府や軍部の打ち出す方針に異を唱えたり、従うのを拒んだりする人間は「挙国一致＝国を挙げて一致団結」している日本国民ではないと決めつけられて「非国民」と罵られ、有形無形のいじめのような目に遭わされました。

先に紹介した、パーマネントの女性が受けた理不尽な被害などがその実例です。

民主主義国では、国民の一人一人が政府や軍部の主張や行動について、正しいかどうかを自分の頭で考えて判断し、従うべきだと思ったら従い、従うべきでないと思ったら従わない（自分の良心に従う）という選択肢も、理念として許されています。

過去の歴史を踏まえれば、時の政治家や軍の指導部が間違った判断を下す場合もあるというのは、当たり前のことだからです。

けれども、民主主義ではなく、特定の政治集団や軍などの武力集団が絶対的な権力を握る「権威主義社会」では、時の政治家や軍の指導部の判断は「常に正しい」という前提を国民すべてが共有させられます。そして、自発的にそのような態度をとる道を選んだ国民は、政府や軍部の命令や指示を待つことなく、周囲の人間にも自分と同じようにするよう要求し、同調圧力の「輪」を少しずつ広げていきます。

いったんこういう状況が形成されてしまったら、一人一人の国民が個人としてそれに抗うことは難しくなります。みんなが「国を挙げて一致団結」して「敵」と戦っている時、それに同調しない態度をとれば、周囲から「挙国一致の輪を乱す自分勝手な者」と見なされるだけでなく、「敵」を利する者、つまり「非国民」と罵倒されるからです。

ある特定の「敵」と戦うために「国を挙げて一致団結」するのが良いことだ、という、一見もっともらしい「挙国一致」という言葉は、国民が自分の頭で物事の是非を考えて判断する自由を乱暴に奪い取る、恐ろしい同調圧力の「大義名分」でもあったのです。

サイパン島陥落時に「集団自決」した女性を美化礼賛した新聞

このようにして、自らの意思で「挙国一致」の同調圧力を「創り出す側」となった当時の日本のメディアですが、一九四一年十二月に日中戦争がアジア太平洋戦争へと拡大したあと、戦況が次第に日本側の劣勢へと傾くと、新聞各紙の誌面には戦争へのさらなる献身奉仕を国民に求める、扇動的な言葉が躍るようになっていきました。

特にその傾向が強まったのは、太平洋のサイパン島がアメリカ軍に占領されて日本の敗色がいよいよ濃厚になった、一九四四年七月頃からでした。

マリアナ諸島のサイパン島は、第一次世界大戦まではドイツの植民地でしたが、同大戦に参戦して戦勝国となった大日本帝国は、「委任統治領」として敗戦国ドイツからマリアナ諸島の統治権を獲得しました。その後、多くの日本人が入植し、アジア太平洋戦争が勃発した時、島で暮らす日本人の数は九万人に達していました（先住民は約五万人）。

一九四四年六月から七月にかけて行われたサイパンの戦いで、日本軍の守備隊は全滅しましたが、先住民に加えて、米軍が上陸した時点で島に残っていた約二万人の日本人も激戦に巻き込まれ、約八〇〇〇人から一万二〇〇〇人の日本人（当時大日本帝国の植民地だった朝鮮出身者も含む）が死亡しました。

その中には、のちの沖縄戦と同様に、アメリカ兵に対する恐怖心（男性は全員殺され、女性は全員レイプされるとの思い込み）から降伏せず、崖から飛び降りるなどの形で「集団自決」を行った日本人が数多くいたことが、米軍の記録にも残されています。

この凄惨な出来事は、日本の新聞でも大きく報じられましたが、一九四四年八月十九日付の朝日新聞朝刊一面は「岩上、大日章旗の前　従容〔しょうよう＝ゆったりと落ち着いているさま〕、婦女子も自決」「世界驚かす愛国の精華」「壮絶・サイパン同胞の最期」という見出しで、日本人の婦女子がサイパン島で行った集団自決が「国際的な反響を呼んでいる」と称賛する記事を掲載しました。

> 　サイパン島守備のわが忠勇なる将兵が全員戦死をとげ、在留邦人といえども戦い得る者は敢然戦闘に参加し、おおむね将兵と運命を共にしたことは七月十八日の大本営発表によって世界に伝えられ、その忠勇義烈な行為は全世界を感動せしめたが、非戦闘員たる婦女子もまた生きて鬼畜の如き米軍に捕われの恥辱を受くるよりはと潔く死を選んだ事が報ぜられ、民族を挙げた日本国民の敢闘精神、愛国心の強烈さに全世界を驚かしている。

　朝日新聞は翌八月二十日付朝刊でも、「偉大な民族の血潮　時到れば光発す　戦史彩る女性の殉死」との見出しと共に、歴史学者の高柳光寿（当時の肩書は東大史料編纂《へんさん》所編纂官）がサイパン島での女性の「自決」を誉め讃える記事を載せましたが、高柳は過去の戦史における女性の犠牲と対比させつつ次のような言葉で美化・礼賛しました。

サイパンの同胞の死は至高というも至純というもいまだし〔引用者注：「まだその時期でない」との意〕、つつましく、やさしき日本女性なればこそ、はじめてなし得たのだ、〔略〕サイパンの同胞、殊に女性達の自決こそは日本の戦史に流した幾多女性の血の犠牲をさらに尊く、より一層美しい姿でわれわれの前に再現してくれました。

物事を理性的・合理的に考える能力を一般の人より有していたはずの学者ですら、当時の大日本帝国ではこうした情緒的思考で、人命を軽視する国策に同調しました。

サイパン陥落後、国民に「真剣な反省」と「総武装」を求めた安岡正篤

あなたもＮＨＫのドキュメンタリーなどで、アメリカ軍がサイパン島で撮影した日本人女性たちの「自決」の動画を観たことがあるかもしれません。

日本軍が全滅したあと、残された日本人女性が、断崖の上から次々と海に「身投げ」して死んでいく姿は、痛々しくて正視に耐えないものです。しかし当時の新聞は、こ

のような地獄を「日本国民の鑑」であるかのように美化・礼賛する記事を掲載し続け、本土の国民をさらなる戦争協力へと駆り立てる同調圧力を創出しました。

サイパン陥落の責任をとって辞任した東條に代わって首相となった小磯國昭の内閣は、一九四四年八月四日に「国民総武装の実施」という閣議決定を行いました。

翌八月五日付の朝日新聞一面によれば、この決定は「太平洋戦局の深刻化に伴い〔略〕軍官民を問わず一億国民が真に一丸となって戦闘配置につき、本格的戦争態勢を確立することこそ現下の責務である」との認識に基づくものでした。つまり、閣議決定の「国民総武装」とは、実質的に軍人と市民の境界を取り払い、市民も銃をとって戦うという、日本の本土での戦いを想定した「国民皆兵」の準備であったと言えます。

そして同日の朝日新聞には、小磯内閣で大東亜省（東南アジア植民地を管轄する省）の顧問を務めていた思想家の安岡正篤による「真剣な自己反省」を国民に求める談話が掲載されましたが、安岡は以下のような言葉で、国民に「反省」をうながしました。


国民総武装とは今更いうまでもないこと、国民も敢て驚くまい、すでに生活においても、心構えにおいても、とくに武装は出来ているはずだ、しかしこの期においてさらに武装せよとは要するになおまだ漠然とした気分があり、徹底を欠いた面において一層具体的に決戦体制をとれということであろう〔略〕

国民自身としてこの際覚悟すべきはこの期に及んで徒らに漠たる気分や漫談〔とりとめのない話〕で暮さず、また取りとめのないことで自己を疲れさせず、まず自分というものを、自分達の生活というものを徹底的に反省して、それこそ思い切った整理をすることである、何時如何なることがあってもうろたえないように身辺を始末することであった、及ばずながら自分が如何なる役に立つか、如何に自分を役立てるかということに真剣な反省を試みることだ、そして敵に対し自己の心、自己の身辺を武装する必要がある

安岡や高柳など、当時の日本社会で大きな尊敬を集めていた知識人が、サイパン島での女性の「自決」を礼賛したり、全国民に「戦時下での自分の生活への反省」をうながして「国民総武装」という国策を肯定したりしたことは、当時の日本社会におけ

る「戦争協力への同調圧力」をさらに強める効果をもたらしたものと考えられます。

同調圧力に従った結果――先の戦争における大部分の死者

昭和の大日本時代の日本社会では、戦争協力への同調圧力の強化は「もう敗北が濃厚なので降伏して戦争をやめましょう」という理性的・合理的判断を誰も口に出来なくなる状況を意味していました。その結果、国が破滅的な敗北を迎えるまで、政府も軍人もメディアも国民も、戦争を続けるしかなくなったのです。

先の戦争における日本人の死者に関するデータも、それを裏付けています。

アジア太平洋戦争は、日本だけでなく諸外国で多くの人間を死に至らしめ、生き残った人々にも心身に傷を負わせました。あの戦争で失われた日本人死者の総数は約三一〇万人で、内訳は軍人が約二三〇万人、市民が約八〇万人とされています。

しかし、近現代日本の軍事史と政治史を研究する歴史家の吉田裕は、二〇一七年に上梓してベストセラーとなった著書『日本軍兵士―アジア・太平洋戦争の現実』（中公新書）の中で、その死者が生み出された「時期」について、こう書き記しています。

日本人に関していえば、この三一〇万人の戦没者の大部分がサイパン島陥落後の絶望的抗戦期の死没者だと考えられる。(p.25)

吉田は、先の戦争における年次別の陸海軍の戦死者数を公表している唯一の県である岩手県のデータを挙げ、一九四四年一月一日以降の戦死者数は全戦死者の八七・六%に当たるとの割合から、約二三〇万人中の約二〇一万人は一九四四年一月以降の戦没軍人だと推計しました。

この章で同調圧力の事例として取り上げた、飛行機による体当たり攻撃の「特攻」が組織的に行われるようになったのも、一九四四年十月以降でした。

多くの市民を死なせた日本本土への米軍の本格的空襲と原爆投下も、サイパン陥落後にマリアナ諸島の基地を飛び立ったB29大型爆撃機によって行われました。

これが、先の戦争中に日本社会を支配した同調圧力と、それに服従した大多数の国民がもたらした「結果」でした。

まわりのみんながそうしているから、自分もそうする。ふだん身の回りで当たり前のように漂い、人々の思考や行動をある方向性で画一化してしまう同調圧力。

それに抗うよりは、従う方が、ラクでいい。

おそらく先の戦争当時の日本人も、そんな風に考えていたはずです。

でも違った。同調圧力に従うことが「保身」になると思ったけれど、現実は逆だった。多くの人がそれに気付いたのは、日本各地が焦土となり、自分の家族や友人が空襲で黒こげになったり防空壕で生き埋めになったあとでした。

今日、明日という短いスパンで考えるなら、同調圧力に従うことが「保身」になることが多いのは確かです。

けれども、国などの集団の指導者が、その地位に相応《ふさわ》しい能力（現実把握力や合理的判断力、責任感など）を持たない状況下においては、指導者の下す決定に無条件で協力するという同調圧力に集団の全員が従うことは、保身どころか、自分や家族、そして国全体に破滅的な事態と不幸をもたらすこともあるのです。

我々は改めて、その厳しい現実を肝に銘じる必要があるように思います。

第五章

集団や共同体の「みんな」と衝突せずに、心身の自由を取り戻すために

最終章では、身の回りに存在する大小の同調圧力に、自分が押し潰されないよう工夫して生きる方法や考え方、心の持ち方などについて、さまざまな角度から検討し、一人一人が心身の自由を持ち続けるために何が必要なのかを考えます。

同調圧力は「自由」と相容れない

「自由」よりも「秩序維持」を優先する考え方が同調圧力を生む

第一章から第四章までの各章で、同調圧力という見えない社会現象にさまざまな角度から光を当て、その構造や効果、危険性を考察してきました。

今まではなんとなく、同調圧力というのは「どちらかといえば良くないこと」のように感じつつも、少し自分が我慢してそれに従った方がラクだから、などの理由で「同調する側（傍観＝消極的同調も含む）」に身を置いてきた人も多いかと思います。

けれども、過去の歴史を振り返れば、一見すると「集団に波風を立てない」ための工夫にも見える同調圧力が、特定の状況下では一変して野獣のように「牙」を剥《む》き、多くの人を獰猛《どうもう》に食い殺してしまう場合があることを教えられます。

同調圧力に従うべきか、従わない道を敢えて選ぶべきかという問題は、その時々の状況によって正解あるいは最善解が変わる、ケース・バイ・ケースの問いであり、常に正しい答えはおそらく存在しません。

それでは、個々のケースにおいて、同調圧力に従うべきか、従わない道を敢えて選ぶべきかを考える際、どんな点に注意すべきでしょうか。

同調圧力の問題を考える時、避けて通れないのは「自由と秩序維持のバランス」という別の問題について、自分がどう思っているかを改めて確認することです。

この二つは、両立することが難しい概念です。社会が成熟していれば、人々が自由を追求しても秩序は乱れませんが、秩序が乱れることを嫌う、あるいは恐れる人たちは、秩序を維持するために自由を制限すべきだと考えます。

一般に、同調圧力を積極的にかけようとするのは、後者の人たちです。

社会の秩序を、一人一人の人間の自由よりも優先する考え方の人たちは、いたずらに自由を認めると、社会の秩序が乱れて「カオス（混沌）」の状態になるという不安や恐怖を、集団の中で共有しています。なので、自分の生活にはまったく関係のない領域（例えば夫婦別姓や同性婚など）であっても、社会の秩序を乱す恐れがあると判断したなら、新しい自由が広がるのを邪魔しようとします。

このような形で、国民の「自由」よりも国家の「秩序」を絶対的に優先する考え方が支配する国の典型例が、「全体主義（ファシズム）」などの権威主義国です。

同調圧力の「風圧」を大きく増幅させる権威主義の思考

江戸幕府が倒されて明治新政府が樹立され、大日本帝国の時代が幕を明けたあと、明治期と大正期には「欧米に学ぶ」という方針の下、一定の制約下で国民の自由が認められることもありました。特に、大正期の第一次大戦（一九一四～一八年）前後には、ヨーロッパから自由主義思想や革命思想が流入し、後の時代に「大正デモクラシー」と呼ばれる自由な考え方が、社会に広まっていきました。

けれども、時代が昭和期に入り、関東軍が満洲事変を起こした一九三一年頃から、日本社会の空気は大きく変わり始めました。

翌一九三二年に大日本帝国の傀儡（言いなりになる子分的存在）国家として「満洲国」が建国されると、国際社会はこれを厳しく批判し、孤立した大日本帝国は一九三三年に国際連盟を脱退して独自の道を進みました。

この出来事により、日本はそれまでの「欧米に学ぶ」という謙虚な姿勢を捨て、明治期から政治目的で特別視されていた天皇の位置づけをさらに神格化して、「こんなにすごい天皇を戴く日本は、世界で一番素晴らしい国なのだ」と自慢する国になりました。

そして、一九三五年の「天皇機関説事件」（天皇の権能を憲法の枠内に留めるか否かという論争）と「国体明徴声明」（政府による天皇機関説の否定）以後、大日本帝国では国民の「自由」は事実上ないがしろにされ、天皇を頂点とする国家体制の「秩序」維持が、社会の中で絶対的に優先される社会へと変質していきました。

本書のあちこちで紹介した戦争中の異様な同調圧力は、こうした「空気」の中で醸成され、やがて大きな嵐のように吹き荒れていきました。

一人一人の国民の自由どころか命、つまり「生きる権利」すら国家（＝時の政府）に献上し、天皇のため、国のためという名目で死ぬことを「至上の名誉」と考えるような世界観の刷り込み（いわゆる洗脳）により、国民はまるで自分の意思でそうしているかのように、国策に同調していきました。

権威主義の国に共通するのは、国民が自由を手放して秩序の維持に同調すればするほど、全体として「強い国」になるので安心できる、という考え方です。

自国がより「強い国」になれば、外国に攻め込まれる可能性が下がる、という風に、自国と周辺国の関係を「力の関係」だけで理解する人は、相手国に譲歩することを「弱さの表れ」と見なして拒絶します。

このような考え方の下では、国家体制の秩序に同調せず、発言や行動を自由に行おうとする人間は「国を弱くする者」と見なされて厳しい同調圧力に晒されます。自分の国が「周辺国より弱くなったら不安だ」となんとなく思う人も、積極的あるいは消極的に、言論や行動の自由を社会から排斥する同調圧力に加担するからです。

今の日本社会でも、また少しずつ、そんな同調圧力の「圧」が高まっていませんか？

人間の命よりも「秩序の維持」が優先される権威主義国の同調圧力

国民の「自由」よりも国家の「秩序」を優先する権威主義の思考のもとでは、全員が同じ行動をとることの安心感と、違う行動をとる人間への敵視が、集団内で共有されます。

国内の「みんな」が戦争に献身奉仕していた戦時中の大日本帝国において、他人と違う行動をとる人間は、「挙国一致」の戦争協力という国家の秩序よりも自分の自由を優先しているとの理由から、日本人ではない者＝「非国民」と呼ばれ、罵倒されて集団から除《の》け者にされました。

逆に、自分の自由よりも国家の秩序を優先する行動をとる者は、当時の大日本帝国で「愛国者」と見なされて称賛されました。

そして、一九四四年七月のサイパン陥落で大日本帝国の敗色が濃厚となり、ふつうのやり方では戦局を挽回できないことが明らかになると、軍人や市民は「天皇が君臨する国家の秩序を守るため」という大義名分で「立派に死ぬ」ことを競い合うような、異様な心理状態に囚われていきました。

合理的に考えれば、戦争で自国の敗北が確定的になった時、一日でも早く戦争を終わらせて、多くの市民や軍人を戦後まで生き延びさせ、戦後の復興に参加させることが「自分を含む国のため」になるはずです。長いスパンで物事に対処するなら、そうすることが、自分を含む集団や共同体にとって「一番ましな道」だからです。

しかし、大日本帝国の政府や軍人、多くの国民は、そのような選択肢をとらずに、「天皇が君臨する国家の秩序を守るため」という大義名分で「立派に死ぬ」ことを競い合う道を選んでしまいました。なぜなら、当時の大日本帝国は、かなり重度の権威主義国で、国家の「秩序」を絶対的に優先する考え方が支配する社会だったからです。

その「秩序」は、天皇が頂点に立ち、軍人や市民はその天皇を頂《いただ》く国家体制（国体）の存続（護持）を未来永劫守る「義務」を負う、というものでした。

戦争末期の新聞などで悲壮感と共に国民に向けて発せられた「国体護持」の四文字は、「このまま米軍に敗北すれば、日本の『国体（秩序）』は失われ、日本という国は滅びるぞ」という脅しの意味も含んだ同調圧力であり、軍人や市民の命を軽んじて粗末に扱う、特攻や「集団自決」などの行動を生み出す思想的背景となりました。

鹿児島県内の特攻関連の博物館に行くと、特攻のような悲惨な出来事を繰り返さないために「もう二度と戦争をしてはいけない」という文言が書かれています。けれども、戦史を研究する者として言えば、このような「総括」は、きわめて不完全かつ不誠実であるように思います。

第二次大戦に参戦した数多くの国々の中で、軍の命令による組織的な体当たり攻撃で自国の兵士を何千人も死に至らしめた国は、大日本帝国だけだったからです。他の国々は、自国が戦争に負けそうになっても、軍の命令で組織的な体当たり攻撃を命じるようなことはしませんでしたし、もし命じたとしても従う軍人は少数だったと考えられます。

多くの若者を「特攻」という軍の命令による組織的な体当たり攻撃で死に追い込んだ真の原因は、「戦争をしたこと」ではなく、そうせざるを得ない「空気」で若者を包み込み、自発的という体裁でそれを選ばせた、当時の同調圧力だったのです。

同調圧力に弱い国民ばかりになって喜ぶのは誰なのか

人命軽視に至る精神文化の変遷を重視する沖縄県の「戦争の反省」

沖縄県内で起きた「集団自決」についてはどうでしょうか。

家族がお互いに殺し合った、つまり父や母が自分の愛する子どもと老いた両親を包丁や鎌、鉈《なた》、石、縄などで殺して最後には自分も命を絶った、この世の地獄のような出来事を繰り返さないために「もう二度と戦争をしてはいけない」という、一見反省的ですが実は「誰の責任も問うていない無難な結論」で話を終わらせているのでしょうか？

私がいろいろな施設を見学した限りでは、そうではないようです。

県内のあちこちにある戦争関連の博物館の展示や、県史・町史の記述内容を見ると、そのような漠然とした総括ではなく、具体的に「なぜ当時の大日本帝国はあれほど人の命を軽視する精神文化になったのか」という、精神面に光を当てていることに気付きます。

例えば、沖縄の代表的な戦争関連の博物館として知られる「ひめゆり平和祈念資料館」の展示内容は、沖縄戦における女子学生の看護隊による凄惨な戦争経験を今に伝えるのと共に、なぜ当時の日本人があのような戦争を「正しい」と考えて全面的に加担したのかについて、精神面の原因を掘り下げて説明しています。

1941（昭和16）年12月8日、アジア太平洋戦争が勃発すると、生徒たちも急速に「軍国少女」へと変わっていきます。「鬼畜米英」「撃ちてし止まん」の標語で敵愾心をあおられました。作業しながら「勝利の日まで」などの軍歌を歌いました。お国のために命を捧げ、靖国神社にまつられることは最高の栄誉とされました。女性も国家の役に立つことが求められ、その要求に応えようと必死でした。「大東亜共栄圏」（欧米からアジアを守り、日本を盟主とするアジア世界の共存共栄）

が目標だと信じ込まされました。

（『ひめゆり平和祈念資料館　ガイドブック（展示・証言）』二〇〇四年、p.26）

このガイドブックにある「用語解説」には、「聖戦遂行」や「国体護持」「尽忠報国」「八紘一宇《はっこういちう》」「鬼畜米英」など、当時の大日本帝国で使われた重要な言葉についての簡単な説明が記されていますが、「非国民」という言葉は次のように説明されています。

非国民［ひこくみん］　戦争中、政府の方針や決定に少しでも逆らう人は「非国民」のレッテルを貼られ、厳しい統制と差別をうけた。戦争に対する不満や批判を封じ込めるための格好の言葉であった。

（同、p.27）

ここには「同調圧力」という言葉はありませんが、先に列挙した当時の大日本帝国で使われた重要な言葉と「非国民」の対比を見れば、当時の社会に「戦争という国策にすべての国民が献身奉仕するのは当然だ」という同調圧力が存在したのは明白だと思います。

つまり、悲惨な過去の出来事を繰り返さないためには、「もう二度と戦争をしてはいけない」という漠然とした一般論で話を終わらせるのでなく、一人一人の国民を戦争協力へと仕向けた当時の精神文化にも目を向けて、それに従わせる同調圧力の再興を防ぐ必要があるように思います。

人為的に「多数派」を作り出せるネット時代の落とし穴

当時の日本人が、内心で疑問に感じる点があったとしても、全体としては「戦争という国策にすべての国民が献身奉仕するのは当然だ」という同調圧力に従う行動をとった理由の一つと考えられるのは、新聞などの報じ方によって「そうする国民が多数派だ」と信じさせる、メディアに創り出された「現実感（リアリティ）」です。

本書の中で指摘してきたように、日本人は諸外国の人々と比べて「みんながそうしているのだから、お前もそうしろ」という同調圧力に弱い傾向にあるようです。

そんな思考が受け身の国民を、特定の方向に誘導したり、何らかの行動を「自発的に」行わせたりしようと思えば、メディアを利用して「そうする国民こそが多数派である」という現実感の「空気」を創り出すことが、有効な手段となります。

もし、メディア業界で仕事をする人間がこうした図式に無頓着で、強い権力を持つ側（政府や巨大企業など）は常に「自分たちメディアを支配下に置こうとしている」という警戒感を持たなければ、どんなことが起きるでしょうか。

強い権力を持つ側が周到に計算して発信する「情報」を、メディアが拡声器のように無批判に社会へと広めることで、結果として「強い権力を持つ存在に都合のいい空気」を創り出す道具として利用されることになります。そして、一社だけでなく、複数の新聞やテレビ番組が横並びで同じように、そんな姿勢で「特定の意図が込められた情報の無批判拡散」を行うなら、それに従う者がこの国では「多数派だ」という「空気」が創り出されます。

ここで注意すべきことは、最初の段階では人為的に創り出された「多数派」の「空気」は、それに触れた多くの人々が同調することによって、ある時期から、実際の「多数派」になってしまうことです。

始まりは、恣意《しい》的な情報発信とその拡散で創り出された「虚構」でも、多くの人がそれを信じて同調すれば、それは「虚構」でなく「現実の多数派」となるのです。

大日本帝国時代には、日中戦争の発生直後に政府と軍部への協力を約束した主要メディア（第四章を参照）が、日々の報道によって「多数派」のイメージを創り出し、国民を同調圧力へといざなう役割を果たしました。当時は、情報の流通を担うメディアの種類が今よりもはるかに少なかったので、彼らは独占的にその仕事を行えました。

一方、現在の日本と諸外国の状況を見ると、かつてのような「新聞が独占的に情報の流通を担う」という単純な図式はすでに過去のものとなり、より複雑な形で情報が人々の間を飛び交うようになっています。特に重要なのは、インターネットの存在で、大手の新聞が発信した記事も、個人がブログやSNSで発信する言論も、ネット上ではきちんと区別されないまま、人々の目や耳に流し込まれる形となっています。

こうした状況では、人為的に「多数派」を創り出すという作業も昔とは違った形でなされます。例えば、特定のネット記事やSNS投稿に対して、数多くの賛同コメントや「いいね」が付いていれば、それが今の社会における「多数派」の声だと考えて、自分もそこに同調するという心理状態に、人々を誘導することも可能になります。

けれども、ネットの問題に詳しい方ならご存知のとおり、記事や投稿に付けられる賛同コメントや「いいね」は、専門業者による組織的な情報工作によって簡単に創り出すことができるのが現実です。

中国（中華人民共和国）には、政府から金をもらって中国共産党に好都合な記事や投稿に賛同コメントや「いいね」を付けたり、中国共産党に批判的な投稿をする者に攻撃的な言葉を浴びせる仕事をする「ネット工作員」が公然と存在しています。彼らは「五毛党」と呼ばれます（五毛＝〇・五元とは一件当たりの報酬を指す言葉で、日本円に直すと約六円）が、現在では中国以外の各国政府（日本も含む）や一部の宗教団体なども、こうした「多数派」創出のためのネット工作に手を染めていると見られています。

二〇二二年十二月九日、共同通信は「複数の政府関係者への取材」を情報源として「防衛省が人工知能（ＡＩ）技術を使い、交流サイト（ＳＮＳ）で国内世論を誘導する工作の研究に着手した」と報じました。以下は、同記事からの抜粋です。

インターネットで影響力がある「インフルエンサー」が、無意識のうちに同省に有利な情報を発信するように仕向け、防衛政策への支持を広げたり、有事で特定国への敵対心を醸成、国民の反戦・厭戦の機運を払拭したりするネット空間でのトレンドづくりを目標としている。

安易に「多数派」に同調する前に、こうした点にも注意する必要があるでしょう。

人が自発的に「自由」を手放す理由とそれを好都合と思う「支配者」たち

みんな、つまり「多数派」がそうしているから、自分もそうする、という同調行為は、視点を変えて見れば、思考や行動の「自由」を自ら手放す行為でもあります。

我々は、人は誰でも自由を望んでいるはずで、それを自ら手放すことは基本的にない、という前提で考えがちです。でも、それは本当に正しい前提でしょうか？

いや、人間はしばしば、自発的に「自由」を手放すものだ。そこには理由がある。

そんな風に人間の心理を研究した人が、過去にいました。

エーリッヒ・フロムという、ユダヤ系ドイツ人の心理学者で、一九四一年に書き上げた著書『自由からの逃走』（日高六郎訳、東京創元社、初版一九五一年、新版一九六五年）は、刊行から八〇年以上が経過した今もなお、世界中で読まれている名著です。

フロムがこの本で考察した重要な論点は、自分たちユダヤ人を迫害しただけでなく、非ユダヤ人のドイツ人からも「自由」を取り上げるナチスの「全体主義（権威主義）」を、ドイツ国民はなぜ自らの意思で支持したのか、その理由をさぐることでした。

彼は、第一次大戦の敗北により、帝国から民主主義の共和国（いわゆるワイマール共和国）へと政治体制が変革されたドイツで、国民の多くが自発的に「自由」を捨てた理由について、一般的に信じられている「ヒトラーとナチスの謀略や強圧的支配によって自由を捨てることを強いられた」というイメージは間違いだと書いています。

フロムの心理分析によれば、ドイツの人々が自らの意思で「自由」を捨てて「全体の秩序」を選んだ大きな理由は、孤独感からの解放でした。

第一次大戦後、ドイツ国民は皇帝を頂点とする窮屈な国家体制から解放されて「自由」になり、人々はその「自由」を謳歌しました。しかし、一人一人の人間が何をしてもいいという「自由」は、人々の心から「大きな集団に帰属している」という一体感や安心感を取り去り、孤独感や孤立感を味わわせるという、マイナスの心理的効果ももたらしました。

そんな中で、大恐慌やインフレなどの経済危機によって生活環境が悪化し、将来の見通しが立たなくなると、ドイツの人々は不安を解消する手段として「大きな集団に帰属している」という一体感や安心感をもう一度得たいと思うようになりました。

その結果、国民から「自由」を取り上げる代わりに「大きくて強い偉大な国家に自分も帰属している」という一体感や安心感をドイツの国民に与えてくれる、ナチ党(国民社会主義ドイツ労働者党)が絶大な支持を集めたのでした。

フロムは、自発的に自己を捨てて「力」や権威に服従する道を選び取る、こうした受動的な心理状態を「マゾヒズム的」と呼び、次のように説明しました。

マゾヒズム的努力のさまざまな形は、けっきょく一つのことをねらっている。個人的自己からのがれること、自分自身を失うこと、いいかえれば、自由の重荷からのがれることである。このねらいは、個人が圧倒的に強いと感じる人物や力に服従しようとするマゾヒズム的努力のうちにはっきりとあらわれる。〔略〕
ある条件のもとでは、このマゾヒズム的追求は相対的に成功する。もし個人がこのようなマゾヒズム的努力を満足させる文化的な型をみつけることができれば（たとえばファッシストのイデオロギーにおける「指導者」への服従のように）、かれはこの感情をともにする数百万のひとびとと結びついているように感じて、安定感をうるのである。

（新版、pp.170-171）

この分析は、日本人がなぜ同調圧力に弱いのか、自発的に同調する道を選ぶ人がなぜ多いのかを考える上でも、有益なヒントになると思います。
そして、我々が改めて考えるべきなのは、こうした「傾向」が国民の間に広まることを望むのは誰なのか、ということです。
同調圧力に弱い国民、個人として物事を考えず自発的に「多数派＝みんな」と同調することを選ぶ国民が増えれば増えるほど、利益を得るのは誰でしょうか。

日本は大日本帝国のような「超同調圧力国家」に回帰するのか

戦後も継承された、「自由」より秩序を優先する考え方

国民の大多数が、同調圧力に弱い国民、自発的に「多数派＝みんな」と同調することを選ぶという状況は、民主主義に価値を認めず、国民全員を自らの支配下に置きたいと思うタイプの政治指導者にとって、理想的な状況です。

そのため、非民主的な国の支配層は、学校の教育内容に積極的な介入を行い、道徳教育などの名目で、自発的に「多数派＝みんな」と同調する国民を増やそうとします。

第二章で紹介した「教育勅語」と「皇民化教育」の内容が示すように、大日本帝国時代の日本では、戦前から子どもに「戦時心得」のような好戦的思考を植え付ける教育がなされていました。二〇一七年三月に沖縄県教育委員会が刊行した『沖縄県史

各論編　第六巻　沖縄戦

『でも、「アジア・太平洋戦争の『決戦教育』」という項目で、当時の学校がどのようにして生徒を戦争協力へと導く同調圧力を創り出したかを説明しています。

教育は「大東亜戦争の意義」を明らかにし「あらゆる機会」で行うこととした。従来の学校教育を知識偏重と批判し食糧増産と勤労動員に直結させ「数学は黒板より田畑へ」などが指導方針となり、国民学校でも「軍事教練」が実施された。〔略〕児童に対する「絶対服従の徹底」の前に教師の絶対服従が求められた。(p.77)

その後、大日本帝国という国家体制は一九四五年の敗戦で事実上崩壊し、七年間にわたるＧＨＱ（連合国最高司令官総司令部の通称）の占領統治を経て、日本は一九五二年に新生国家「日本国」として再スタートを切りました。

しかし、第一次大戦後のドイツと同様、帝国という権威主義の抑圧から解放されて「自由」になったはずの戦後の日本でも、全体の秩序を「自由」より優先する考え方は廃れることなく、社会のあちこちに残っていました。全国の公立学校でも、戦前・戦中のような天皇崇拝こそ強制されなくなったものの、一人一人の「自由」より秩序を優先する権威主義的な考え方が、さまざまな形で継承されたように思います。

第一章で紹介した、私が中学校の教師から言われた言葉――「みんなも我慢しているんだから、お前も我慢しろ」「みんなに禁止しているのに、お前一人だけ許可するわけにはいかない」――も、明らかに「自由」より秩序を優先する考え方に基づくものです。

そして、一九八〇年代から九〇年代に起きた「バブル経済とその崩壊」以後、日本がかつてのような経済発展の勢いを失うと、全体の秩序を「自由」より優先する考え方は、教育現場を含む日本社会でさらに強まっていったようです。

「批判的思考力」の弱さと同調圧力への弱さの関係

二〇一九年六月十九日、ＯＥＣＤ（経済協力開発機構：日本を含む三八か国が加盟する国際機関）は加盟各国の学校と教員の環境、学校での指導状況、教員が持つ意識などに関する調査結果をまとめた「国際教員指導環境調査（TALIS: Teaching and Learning International Survey）」の2018年版を公表しました。

それによると、学校で「児童生徒の批判的思考を促す」教育をしているかという問いについて、「非常に良くできている」と「かなりできている」、「いくらかできている」、「全くできていない」の四択で最初の二つと答えた教員の割合は、参加四八か国の平均では82・2％でしたが、日本の中学校では24・5％、小学校では22・8％でした。

また、生徒に「批判的に考える必要がある課題を与える」という問いでは、「いつも」と「しばしば」、「時々」、「ほとんどなし」の四択のうち最初の二つと答えた教員の割合は、参加四八か国の平均は61・0％でしたが、日本の中学校で12・6％、小学校では11・6％でした。この二つの問いの両方において、日本は参加四八か国中、四七位に大きく離された、ダントツで最下位の数字でした。

ここで問われている「批判的思考（クリティカル・シンキング）」とは、物事を鵜呑みにせず、上位者から与えられた説明や解釈が妥当であるか否か、ウソをついていないかを自分の頭を使って、さまざまな角度から検証する思考能力を指す言葉です。

日本では、「批判」という言葉は「否定的」と混同して使われることも多いですが、批判的思考は必ずしも対象を否定的に捉える思考ではなく、論理的に問題点の洗い出しを行うことで、対象の完成度を高めるという効果が得られる場合もあります。

日本の小学校や中学校で、批判的思考力を育てない理由はいくつか考えられます。

その一つは、集団に属する一人一人の人間が自立的に物事を考えて行動することよりも、むしろ集団の「秩序」を乱さず、集団内での地位が上の人間の言葉に疑問を抱かずに黙って服従することが、日本の社会では優先されやすい、という現実です。

全員が同じ歩調で同じ方向を向き、全体行進のように一糸乱れず、手や足の動きまで揃えた方が、集団の秩序が保たれてよい結果を残しやすい。日本の学校教育では、大日本帝国時代はもちろん、戦後の日本国になっても、こんな「秩序」優先の考え方が主流のようです。

また、一人一人の子どもが批判的思考を持たず、先生の言うことに従順である方が、先生にとってもラクで仕事がやりやすい、という「統治上のメリット」もあります。

こうした「批判的思考力の弱さ」は、日本人はなぜ、諸外国と比べて同調圧力に弱いのか、という問題を考える上でも、大きなヒントになるように思います。批判的思考力が貧弱なら、身の回りにある同調圧力に自分が従うべきかどうかを疑う力も当然弱くなり、ほとんど自動的に「従う」という選択肢をとってしまうからです。

教師や企業の上司、政府トップなどの「統治者」から見れば、批判的思考力が貧弱で、同調圧力に対する抵抗力も弱い人間ばかりになれば、統治をしやすくなります。

けれども、そんな「従順すぎる人間」が多数派となった国が、活気に溢れて繁栄したり、画期的なイノベーションを生み出したりするでしょうか？

むしろ、じり貧のような形で少しずつ、さまざまな分野で国際的なランキングの順位を落とし続ける「かつては先進国だったが今は衰退国」になっていく可能性が高いでしょう。

道を間違えている時に「道を間違えている」と声を上げることの大事さ

一九三七年の日中戦争勃発から一九四五年の敗戦までの戦争の時代において、日本は国全体が一糸乱れず「挙国一致」で同じ方向に向かって突進し、それが結果として国と国民に破滅をもたらすという、大きな失敗をしました。

もしあの時、国民の一人一人がきちんと批判的思考の能力を持ち、同調圧力に屈せず、軍部やメディアの説明が妥当かどうかを考えて行動していたなら、あれほどの死者と災厄を内外で生み出すことなく、戦争を終わらせることができていたかもしれません。

批判的な思考力は、それほど重大な、国の将来を左右するほどの意味を持ちます。

実は、日中戦争が始まってから数か月くらいは、こうした批判的思考に基づく論考が、日本の雑誌に載ることもありました。

論壇誌『文藝春秋』の一九三七年十月号は、杉山平助という評論家の「戦争とヂアナリズム（ジャーナリズム）」という記事を掲載しましたが、杉山は戦時においてジャーナリズムが担うべき役割について、こう指摘していました（文章の一部を現代語に修正）。

現実においては、指導者の判断力のみが、常に絶対に誤りがないとは保証されがたい。人間というものは、常に誤りを犯すものである。これを率直に国民に知らせなければならないことを、隠蔽したり、知らせなくてもいいことを、知らせたりすることもあり得るであろう。こういう場合には、大体に知らせさえしなければ無難だという、イージーな考えから、必要以上の秘密をつくり出し、そのことが指導者と民衆との間に距離を置くという不利を招くという結果に陥りやすい。また指導者側に、重大な誤謬が犯された時に、ジャーナリズムはこれを批判すべき義務がある。それは国家の大局から見ての義務である。

しかるに、ジャーナリズムの批評の自由を極端に拘束せられると、誤謬は誤謬のままに進行して、重大な結果を招かないとも限らない。(p.215)

この指摘は、現代のジャーナリズムにも通用する本質的な内容を含んでいますが、残念ながら杉山の警鐘は、熱狂的な「挙国一致」の同調圧力にかき消され、彼が懸念した通りに「誤謬は誤謬のままに進行して、重大な結果を招」くことになりました。杉山平助がこの記事で示した問題提起こそ、健全な「批判的思考」の見本です。彼は決して、指導者を「攻撃」しているのではなく、ただ「ジャーナリズムが批判的思考を捨てたり奪われたりして、国の指導者に同調してしまったら、逆に国の進路を危うくすることになる」という、普遍的な事実を指摘しているだけです。

しかし、この程度の「批判的思考」すら、当時の大日本帝国では許容されず、一九三八年に入ると政府の国策に対する批判や疑問は、メディアから姿を消しました。

大日本帝国のような権威主義国では、政府や指導者は常に正しい判断を下すものとされているので、政府や指導者の「誤謬（間違った認識や判断）」を批判的に論じる人間は、自国の政府や指導者の名誉を傷つけたり、「挙国一致」の体制を乱したりする「非国民」と見なされたからです。

そのため、多くの国民は自分が「非国民」呼ばわりされて社会から排除される同調圧力を恐れて、口を閉ざすようになりました。

行動が不自由でも心の持ちようで守れる「精神の自由」

最初から自分を「弱い」と思い込むことのマイナス面

日本が再び、国の進路を危うくするほどの同調圧力に支配される国になることを避けるためには、一人一人の市民（国民）がしっかりと自分の考えと批判的思考の力を持ち、集団や共同体の考えや行動に同調するかどうかを、その都度、慎重に選択することが必要になります。

とはいえ、それは言葉で語るほど簡単ではないのも事実でしょう。

そういう種類の「抵抗力」を生徒につける教育を、日本の学校は総じて行ってこなかったと思われるからです。

西欧や北欧の民主主義国では、小学生の頃から批判的思考を育む教育を行い、国の政策がおかしいと思ったら民主的な方法で意思表示をするために、デモのやり方まで生徒に教えています。しかし、日本でデモの仕方を教える小学校は皆無でしょう。

また、現代の日本で同調圧力についての話をすると、相手からは大抵こんな答えが返ってきます。

「わたしは、一人で集団のやり方に抵抗できるほど強い人間じゃないから」

そういう気持ちも、よくわかります。

私は今でこそフリーランスの文筆家ですが、かつてはさまざまな地域と職種で会社勤めをしたことがあり、会社の中で親しい友だちや部署の同僚、上司といい関係を維持することで日々の生活上のストレスを大きく減らせることも、実際の経験として知っています。

なので、やみくもに「同調圧力を拒絶せよ」というアドバイスはできません。

ただ、それでも私が本書を通じて伝えたいのは、長期的な視点で物事を考えた場合に、同調圧力への「当座しのぎの服従」が、やがて予想もしなかったような災厄に繋がることもあるという、過去の歴史が教える厳しい現実です。

それを考えれば、やはり同調圧力に「いつも従ってしまう」のは危険です。これは、自分だけでなく家族や身の回りの大事な人の将来に関わる問題でもあるので、時には同調圧力に「従わない」という選択肢を心の中に持っておくのも大事ではないかと思います。

自分自身の「弱さ」を直視して認めることは、誠実で正直な態度ではありますが、最初から自分を「弱い」と思い込んで、過剰に相手を恐れることは、結果的には自分のためにならず、さらに自分を「弱い立場」へと追い込むことになります。

そんな同調圧力の深い「沼」にどっぷりはまり込んで心の身動きがとれなくなる前に、自分は本当は何が好きで何が嫌いなのか、本当はどんな環境を心地いいと思うのかを考えて選ぶ「精神の自由」を、心の中にしっかりと確保しておくことをお勧めします。

大小の同調圧力でがんじがらめになっていると感じる時でも、内心に「精神の自由」を保っていれば、自分自身がそれによって壊されることを避けられるからです。

従う以外に選択肢がないと思う時には、同調圧力に従うのも一つの方策です。

それでも、仕方なく従うというよりは「今回は従ってやる」という風に、自分の主体的な判断でそうするのだと考えれば、少しずつ意識の中で「別の選択肢もある」と思えるようになります。それを続けることで、いずれは「今回は従わない」という選択もできるようになるはずです。

集団や共同体への「過度な依存」と「過度な恐れ」を捨てるには

同調圧力に逆らう、あるいは従わないという選択肢をなかなか選べないという人は、自分が属する集団や共同体に対して「過度な依存心」と「過度な恐れ」を抱いているのではないでしょうか。

集団や共同体の仲間に自分も入れてもらえている、という依存の安心感。

自分だけが集団や共同体から排除されたらどうしよう、という恐れ。

どちらも、人間の自然な感情であり、これらを適度に抱く人は多いと思います。

しかし、それが過剰になると、人の心から「精神の自由」が失われます。

一度、依存や恐れの感情が過剰になってしまったら、集団や共同体の仲間との関係で、常に「受け身」の姿勢をとることが普通になります。これは、自分が主体的・能動的に、集団や共同体の仲間との関係を築くというよりは、集団や共同体の仲間に自分を「受け入れていただく」という、受動的な関係構築の形です。

ある種のリスク回避のつもりで、人間関係において「受け身」の姿勢をとる、というのは、言うまでもなく、同調圧力に自ら従う時の心理状態と同じです。そうすることで、集団や共同体の仲間との関係をうまい具合に維持できる、と考えるのです。

けれども、同調圧力をかけたがる人間の目には、そんな受動的な姿勢の人は、格好の標的と映ります。相手が心理的に弱そうに見えるほど、同調圧力をかける側は安心して、自分たちのやり方を相手に押し付けようと、心理的な圧力をかけてきます。

これは、いじめっ子が、自分に抵抗してきそうもない、ひ弱そうな相手を狙うのと似ています。

でも、自分の態度や行動を相手がどう思っているか、緊張して過敏になって考えすぎた時よりも、あまり深く考えずに自然体で行動した時の方が、結果として相手との良い関係をスムーズに作ることができた、という経験はありませんか?

性格が真面目な人ほど、ついつい細かいことまで考えてしまいがちですが、でも多くの場合、相手はこちらが思っているほど、他人の態度や行動を気にしてはいないものです。つまり、自意識過剰になって薄氷を踏むような臆病な振る舞いになるよりは、心を大きく持って自然体の歩調で歩いた方が、相手もリラックスでき、無理のない関係を築けます。

同調圧力への対処でも、これと同じことが言えると思います。

集団や共同体の仲間に対する、依存や恐れの感情というのは、実際は単に自意識過剰であったりする場合も少なくありません。そういう過敏な性格だからしょうがない、という面もあるので、無理に解消するのは難しいかもしれませんが、一度試しに、細かいことに無頓着な「鈍感な人」になったつもりで、何かの同調圧力に自然体で「従わない」態度をとってみたらどうでしょうか。

はっきりとした「拒絶」ではなく、同調圧力にうっかり気付かなかったという体《てい》で、自然体で「従わない」態度をとっても、たった一度の「不服従」だけで集団や共同体から排除されることはないと思います。同調圧力をかける側の人間も、鈍感さによる

「不服従」は、自分たちへの挑戦を意味する「拒絶」とは区別することが多いからです。

「各個撃破」を避けるために集団で抵抗することを覚える

何らかの同調圧力に「従わない」選択を下すとき、鈍感さによる「不服従」ではなく、はっきりとした「拒絶」をとった方がいい場合もあります。

先に紹介した、自衛隊の内部でのパワハラやセクハラなどの事例がそれに当たります。集団や共同体の中で、人を傷つける犯罪のような同調圧力が進行している時には、ありったけの勇気を振り絞って、「それはいけません」と拒絶するべきです。

ただ、ここでも工夫次第で、自分一人だけが集団や共同体から排除される可能性を減らすことができるはずです。ふだんの会話などを通じて、自分と同じように考える仲間を見つけておいて、一人ではなく複数の仲間で一緒に「拒絶」する、という方法もあるのです。

例えば、あるゲームにおける戦いを想定してみましょう。

自分は「戦闘力2」を持つキャラクターで、三人いる仲間も同じように「戦闘力2」を持っています。四人がみんなで力を合わせれば、戦闘力の合計は「8」になります。

一方、自分が戦う相手は「戦闘力8」を持っています。自分一人で戦いを挑めば、戦闘力の比率は「2対8＝1対4」で、まず勝ち目はありません。

三人いる仲間も同様で、それぞれが一人ずつ戦いを挑んでも、すべて「1対4」の比率なので、計四回の戦いすべてにおいて、相手側が勝つ可能性が高いと言えます。

しかし、自分と三人の仲間が集団となって相手と戦ってみたらどうでしょうか？

一人なら「戦闘力2」でも、四人いれば「戦闘力8」になります。つまり、戦う相手と同じ戦闘力になり、戦闘力の比率は「1対1」の互角になります。

同調圧力という現象は、常に「かける側」が多数ですが、実際には「積極的にかける人間」の数はそう多くありません。同調圧力を「かける側」の大半は、どちらかと言えば「自分が排除されたくない」という理由で、消極的に同調しているだけです。

なので、全体の中で同調圧力を「積極的にかける人間」を見極めて、その相手に対して集団で対抗する形をとれば、人数による不利をある程度は克服できるはずです。

軍事の世界には「各個撃破」という言葉があります。これは、敵の部隊をあらかじめ分断しておいて、戦闘力をひとまとめにできない状況に追い込んだ上で、バラバラになった敵の弱い各部隊をひとつずつ順番に攻撃して「各個に撃破する」という戦い方です。

会社などの一般社会でも、この「各個撃破」の戦法を使う人が時々います。第一章で紹介した、「みんなも我慢しているんだから、お前も我慢しろ」と私に言った中学校の教師もその一例です。この教師は、生徒をバラバラに分断しておいて、個別に「お前以外のみんなは従っている」と言い、無力感や孤立感を味わわせて服従させる手を使いました。

各個撃破に対抗する戦法は、同調圧力を跳ね返すためにも使えるはずです。

前記した例で言えば、「戦闘力2」の仲間が四人増えるたびに、「戦闘力8」の相手と戦う際の戦闘力の比率が一段階アップします。自分を含めて八人なら、その比率は「2対1」になり、一二人で「3対1」、一六人で「4対1」とアップしていけば、消極的に同調圧力に従っていた人たちも次々と離脱していくでしょう。

同調圧力に抵抗するやり方は、知恵を絞れば、ほかにもいろいろ見つかるはずです。

つまり、同調圧力は決して、無敵ではないのです。

「世界に自分を変えられないように行動する」というガンジーの言葉

身の回りにある小さい同調圧力への対処法

同調圧力という言葉で表現される物事の中には、日常生活の中でしばしば遭遇する、取るに足らないような「集団的慣習の強制」も存在します。

本書を執筆するにあたり、私は友人知人に、自分が過去に遭遇した同調圧力の事例を教えてほしいと尋ねました。すると、興味深い話がいくつも寄せられました。

友人の一人は、ある文化的な集まりに参加した際、その集まりに関係のある「政財界に強い影響力を持つ大物」の話題になり、参加者がみな、自分が何かしてもらったわけでもないその人物を「先生」と呼んでいることに違和感を覚えたそうです。

それで、友人だけはその人物を「さん」と呼び、親戚に「私の先生でもなく、直接の知り合いでもないのに、どうしてあの人を『先生』と呼ばないといけないの?」と尋ねました。

すると、その親戚は青ざめて「お前、なに言ってんだ。みんながあの方を先生と呼んでるんだから、先生に決まっているだろう」と言い放ったそうです。

何かを教えてもらっている関係にはなくても、集団のみんなが先生と呼んでいるんだから、お前も集団の中にい続けたいのならば、あの方を先生と呼べ。

これは立派な同調圧力です。

また、別の友人は新卒である会社に入社したあと、同期の社員と社内で「〇〇(苗字)ちゃん」と呼び合っていたところ、それを見た直属の上司から別室に呼び出され、「同期を『ちゃん』付けで呼び合うなどありえない。『(苗字で)呼び捨て』にするのが社会人の常識だ」と、一時間近くも説教を受けたとのこと。

一部の会社に、そのような「集団的慣習」があったとしても、特に不思議はありませんが、「そうするのが社会人の常識だ」という決めつけには疑問を抱かざるを得ません。社員同士が「ちゃん」付けで呼び合う会社など、日本国内に数多く存在するからです。例えば、テレビ業界では初老の男性同士が「○○（苗字）ちゃん」と呼び合っていたりします。

社内の「集団的慣習」をあたかも普遍的な「社会人の常識」であるかのように絶対視して、それへの無条件服従を強いる上司の態度も、同調圧力の一例だと言えます。

こうした厄介な同調圧力は、日常に小さなストレスを持ち込むものですが、対応を誤ると予想外に「傷口」が広がったりするので、多少の注意が必要です。

最初の例に出てきた「政財界に強い影響力を持つ大物」に好感を持てず、どうしても先生と呼びたくない、などの事情があるなら別ですが、特にそこまでこだわりがない場合には、従うことが「クセ」や「習慣」にならないよう意識しつつ、場を丸く収めるために同調圧力に「従ってあげる」というのも一策です。

それで「日常の小さなストレス」を軽減できるなら、悪くない選択肢になり得ます。

同調圧力との付き合い方は「グラデーションのどこか」でいい

個人レベルで、過度なストレスに苦しむことなく、身の回りに存在する同調圧力と「うまく付き合う」には、どうすればいいのか。

単純明快で万人に通用する「正解」は、おそらくこの世に存在しないと思います。

ただ、より良い選択肢を考えるためのヒントは、いくつか考えられます。

白か黒かという二分法とは違う「グラデーション」の思考法も、その一つです。

同調圧力をかける側の人間は、「同調圧力に従って集団内に留まるか、さもなくば孤立して集団から出ていくか」だ、という極端な二択を迫ります。

性格がまじめな人ほど、こんな脅しを真に受けて不安にさいなまれ、孤立して集団から追い出されないためには同調圧力に従うしかない、との思い込みに囚われてしまいがちです。

けれども、ここで大事なことを見落とすべきではありません。

それは、同調圧力をかける側の人間がいくら頑張っても、一人一人の人間の「頭の中」までのぞき込むことはできない、という事実です。

とりあえず同調圧力に従っている人が、本心からそうしているのか、それとも内心では不満を募らせながら嫌々そうしているのかを、外部の人間が確かめる術はないのです。顔の表情や態度から、ある程度は推し量ることができますが、せいぜいその程度です。

実際には、人が同調圧力と付き合っていく心理状態のレベルにはそれぞれ違いがあり、全員が同じレベルで従っているわけではありません。

同調圧力への完全服従が「10」、完全な拒絶が「0」だとして、ほとんどの人はその中間の「9」から「1」のどこかのレベルで、自分のポジションを見つけているはずです。

全体のグラデーションの中で、どのくらいのバランスが自分にとって心地いいと思うかは、一人一人で違っていて当然ですし、違っていても問題ありません。

僕は「自由」にはあまり執着しない性格だから、集団に同調することの安心感に寄せた「8」でいい。

私はなるべく「自由」を大事にしたいから、同調するのは最小限の「2」がいい。

こんな風に、自分に合った「同調圧力との付き合い方のバランス」を見つけることで、日々の生活で直面する大小の同調圧力の問題に、必要以上に心を悩まされることは減らせるはずです。

大事なのは、どこかに正解があるという依存的な考え方に囚われず、自分で考えて、自分に合ったバランスを見つけることだと思います。

また、先ほど紹介したように、はっきりとした「拒絶」ではなく、それにうっかり気付かなかったというふりをして、同調圧力に自然体で「従わない」態度をとるのも一策です。

集団の同調圧力に従っていないのに、なんとなく見逃されている。あなたの周囲に、こんな人はいませんか？

ふだんは同調圧力を積極的にかける側の人間も、なぜかその人に対しては「あの人は、ああいう人だから」と言ってあきらめている。

その人は、正面から対決姿勢で同調圧力を「拒絶」せず、そうするのが自然であるかのように「受け流して」いる。それを続けるうちに、「あの人は、ああいう人だから」

と、同調圧力への不服従を集団内で容認される、特別な存在になっている。

そんなポジションを自分も目指してみるのも、悪くないのではないでしょうか？

「集団によって自分が変えられないようにする」ことはできる

それでは、個人レベルよりも大きなスケールで存在する、社会レベルの同調圧力には、どんな対抗策が考えられるでしょうか。

それを解くカギとなるのは、「同調圧力が集団全体を支配する社会」の正反対は、どんな社会だろうか、と考えることにあると思います。

私がまず思いつくのは、「一人一人の人間が個人として尊重される社会」です。社会レベルの同調圧力とは、要するに「一人一人の人間を個人として尊重しないこと」であり、それが極端な形で進行すれば、全体主義国のような「一人一人の人間を個人として尊重しない国」が出来上がります。

中には、一人一人の人間を個人として尊重し過ぎると、社会の秩序が乱れて混乱し、大変なことになるのでは、と心配する人もいるかもしれません。みんなが好き勝手に

「自由」を追い求めれば、あちこちで衝突やトラブルが発生するかもしれない。そんな懸念です。

けれども、本当の「一人一人の人間が個人として尊重される社会」とは、政府など組織の上の者が下の者にそれを認めるだけでなく、一人一人の人間もお互いに相手を個人として尊重し合う社会のことです。

日本では、西欧的な「個人主義」の概念が自分勝手な「利己主義」と混同され、どんな時でも自分の利益だけを考えて行動するのが個人主義だと勘違いする人が多い様子です。しかし本当の個人主義とは、自分が個人として集団内で尊重されるのと同時に、自分もまた、自分以外のすべての人を個人として尊重する考え方です。

こうした見方をすれば、同調圧力が支配する社会の対極としての、「一人一人の人間が個人として尊重される社会」をイメージしやすくなるのでは、と思います。

人間を単なる「集団全体を円滑に稼働させる歯車やレバーのようなパーツ」と見なす社会では、一人一人の「自由」や権利はないがしろにされがちです。集団全体の利益に結びつけた「大義名分」と共に、人を統制する手段として、同調圧力が使われます。

しかし過去の歴史をひもとけば、人々がそんな抑圧と戦って社会を変革し、「一人一人の人間が個人として尊重される社会」に近づく成果を得た事例が数多く見つかります。

かつてイギリスの植民地だったインドを、気の遠くなるような抵抗運動を経て独立へと導いた、マハトマ（「偉大なる魂」という意味の尊称）・ガンジーは、抑圧と戦う内外の人に向けて、こんな言葉を遺しています。

あなたがすることのほとんどは無意味であるが、それでもしなくてはならない。そうしたことをするのは、世界を変えるためではなく、世界によって自分が変えられないようにするためである。

（『保守と立憲　世界によって私が変えられないために』〈中島岳志著、スタンド・ブックス、二〇一八年、p.167〉）

世界によって自分が変えられないようにする、という言葉は、同調圧力によって自分が変えられないようにする、という風に言い換えることも可能だと思います。

自分自身を同調圧力によって変えられないために、できることはいろいろあります。

本書の内容をヒントにして、ご自分に合った道を見つけていただければ幸いです。

おわりに

最後までお読みいただき、ありがとうございます。

本書は、同調圧力という社会問題を一本の大きな木のように捉え、中心の太い幹とそこからあちこちに伸びる枝、個々の枝に付いた葉っぱ、人しれず地面の下で繁殖する根っこまで、さまざまな角度から光を当てて観察・分析した本です。

このような形で総合的に読み解くことで、同調圧力とは単に「一人一人をみんなの行動に従わせること」に留まらず、社会に存在するさまざまな問題ともリンクしている、非常に手強い相手だと認識していただけたかと思います。

本文中には、現代の常識では考えられないほどに残酷な歴史上の事例もいくつかあり、ショックを受けた方もおられるかもしれません。また、取り上げたテーマは多岐にわたるので、まだ頭の中で情報の整理がついていないという方もおられるでしょう。私はこの本を通じて、何かについての「正解」を読者に押し付けるつもりはなく、それぞれが本書の記述や分析内容を参考にして、自分に合った答えを見つけていただければと思っています。私自身も、同調圧力という見えないモンスターについて、すべてを理解しているとはもちろん考えておらず、見落としている点もいろいろあるでしょう。

なので、すぐに答えを見つけようとせず、本書の内容をヒントにして、少しずつ整理しながらご自分の思考を組み立ててくだされば、筆者としてうれしく思います。

本や雑誌、ネットの記事を見ると、今の日本社会には「生きづらさ」を感じている人がたくさんいることに気づきます。

なんでも自由にできて、誰もが笑顔で暮らせる社会というのは、あくまで理想論で、現実は厳しいものだ。そんな風にあきらめるのは簡単ですが、その「生きづらさ」は本当に避けられないものなのか、実は工夫次第で心の負担を軽くできるのではないか、という風にポジティブに考えてみても、損はしないはずです。

同調圧力とは、他人と接しながら社会で暮らす人間をいろんな形で「生きづらく」する見えない力でもありますが、その特徴や原理を理解することで、時にはその触手から逃げることに成功したり、触手が届かない場所へと離れたりすることが可能になります。

つまり、同調圧力のメカニズムを知ることは、日々の「生きづらさ」を軽減する効果をもたらす可能性もあるのです。必ずそれが成功するとは限りませんが、やってみる価値はあるのではないでしょうか。

社会が豊かさを失い、人々が不安や孤独を強く感じるようになると、同調圧力という見えないモンスターの活動も活発化するようです。自分を大きな集団の一員だと思って安心したいという欲求や、全体が統制のとれた集団になることで自分も「強くなった」ように感じて満足する心理など、モンスターの餌になる要素が社会に増えるからです。

こんな時こそ、同調圧力の暴走に目を光らせる必要があるように、私には思えます。

最後になりましたが、本書の編集を担当してくださったSBクリエイティブ学芸書籍編集部の小倉碧氏と、本書の編集・製作・販売業務に携わって下さったすべての人に、心からの感謝の気持ちと共に、お礼を申し上げます。

そして、本書を執筆するに当たって参考にさせていただいた全ての書物の著者・訳者・編者の方々にも、敬意と共にお礼を申し上げます。

2023年5月

山崎雅弘

著者略歴
山崎雅弘（やまざき・まさひろ）
戦史・紛争史研究家。主な著書に、『ある裁判の戦記』（かもがわ出版）、『日本会議』『「天皇機関説」事件』『歴史戦と思想戦』『未完の敗戦』（以上、集英社新書）、『中国共産党と人民解放軍』『第二次世界大戦秘史』『太平洋戦争秘史』（以上、朝日新書）、『［増補版］戦前回帰』（朝日文庫）ほか多数。ツイッターアカウントは、@mas__yamazaki

SB新書　624

この国《くに》の同《どう》調《ちょう》圧《あつ》力《りょく》

2023年7月15日　初版第1刷発行

著　者　山崎雅弘《やまざきまさひろ》
発行者　小川 淳
発行所　SBクリエイティブ株式会社
〒106-0032　東京都港区六本木2-4-5
電話：03-5549-1201（営業部）
装　丁　杉山健太郎
本文デザイン　杉山健太郎
図版デザイン・DTP　株式会社ローヤル企画
印刷・製本　大日本印刷株式会社

本書をお読みになったご意見・ご感想を下記URL、
または左記QRコードよりお寄せください。
https://isbn2.sbcr.jp/19206/

落丁本、乱丁本は小社営業部にてお取り替えいたします。定価はカバーに記載されております。
本書の内容に関するご質問等は、小社学芸書籍編集部まで必ず書面にて
ご連絡いただきますようお願いいたします。

ISBN　978-4-8156-1920-6